# 雙堂記

# A TALE OF TWO CHURCHES

## 大武山下的聖堂傳奇

## Faith and Love by Dawu Mountain

范毅舜 著
Nicholas Fan

# 目錄
CONTENTS

# 各界推薦



## **李清志**／實踐大學建築設計學系副教授／

依姓名筆畫序

因為疫情的關係，這些日子我幾乎都是在國內旅行，雖然無法去歐美日旅遊，卻也讓我難得可以深入台灣各個鄉鎮，去探訪過去未能發現過的建築。

二〇二〇年金曲獎得獎者阿爆的歌曲〈Thank You〉，MV中有一座華麗的教堂吸引了我的目光，後來才知道這是位於屏東的佳平法蒂瑪天主堂，因此我特別找了一個機會前去探訪。那天我們先路過萬金天主堂，然後驅車上山，在原住民的聚落中，找到這座富有排灣族傳統色彩的天主教堂，進入教堂內，內心不禁發出讚嘆，靈魂也不由自主地舞動起來！這座華麗的天主教堂，可說是全世界絕無僅有的！看似裝飾性強烈的會堂內，卻充滿著族人的傳統記憶與真實生活的種種痕跡，雕刻著家族人像的座椅、巨大的原木雕像，以及懸掛在屋頂下的彩色琉璃珠球，讓人驚嘆與炫目，有如進入一個神奇的宗教異境。

范毅舜這本新書《雙堂記》，正是紀錄拍寫了這兩座位於大武山下的聖堂。

認識范毅舜是因為他過去書寫過幾座知名的教堂建築，而且他也拍攝了許多少見優秀的建築作品，包括建築大師柯比意的拉圖雷特修道院，以及台東白冷修會的大小教堂。從他的眼光，我們看到了建築不同的光影與角度，也看到歷史長廊裡的點點滴滴；不僅是物理層面的建築實體，也感受到精神層面的建築隱喻與心理掙扎。

范毅舜有一顆敏銳的心靈，以及狂放的藝術熱情；正如當年來到台灣宣教的神父們，敏銳地體貼天主的心意，同時也熱情地宣揚福音。他書寫建築的方式，有如考古學者般，深入探討文獻並實地考察，讓這些建築不只是結構與美學的設計作品，更反映出當地人有血有肉的真實信仰生活。

學習建築、欣賞建築的人，不應該只是看建築的表面，而應更深入去瞭解隱藏於建築裡的故事，范毅舜的書，正好提供人們不同的觀點，幫助我們更深刻去瞭解這些建築。除了建築之外，我認為《雙堂記》更提供了過去我們學校教育所缺欠的台灣史觀，讓我們去認識自己鄉土真正的歷史，非常值得居住在台灣這塊土地上的每一位居民好好去閱讀與瞭解。

響我們對自己文化歷史的理解。荷西、明鄭、清領、日據和民國的政治史觀，讓我們的歷史意識是斷裂的；漢番、閩客、本省外省和藍綠的分化，讓我們找不到合一的基礎。教會的歷史固然有她殖民帝國或教派競合的陰影在，但從其教義本旨和微觀作為看，她的確提供了一個超越世俗、跨越族群的實踐路線，嘗試以十字架上的聖愛，縫合一切的對立。近幾年來荷西及日據時代文獻的翻譯出版，讓我們對台灣史的解釋，增加了漢人獨白之外的線索。我相信教會史的掌握，應該可以給我們提供另一種理解歷史的方式。一九二一年成立的白冷會，他們創會的宗旨，是為向「貧窮、受剝削的、受輕視的及失去人權的」人群傳教，這顯然超越了國別、族群的框架，展現歷史存在可能的另一層幅度。多年以前，我曾經建議天主教會和政府及學術部門，合作整理翻譯各修會的傳教文獻，作為我們研究台灣史的另一隻眼睛。最近台大的古偉瀛教授向前邁進了一步，二〇一八年在趙川明、歐思定的合作下，由國立台東生活美學館出版了《白冷會台灣區會文獻選譯》（三冊），這都是令人欣喜的發展。

這幾年我參與推動天主教「台灣 Camino」的行腳活動，嘗試用腳連結四百年來散列台灣各地的教堂，喚醒我們的歷史記憶。兩年前，第一次的行腳就選擇了從佳平到萬金的路線。今年並多次探訪基隆和平島挖掘出來的諸聖教堂遺址，那是和萬金聖堂同樣由西班牙道明會神父在一六二〇至一六三〇年代建立的聖堂，南北兩座聖堂為我們訴說另一個完全不同於主流敘述的台灣史，而故事當中的主角，不是別人，竟都是一直不被看見，被迫消音的，我親愛的族人——台灣原住民。

## 劉振忠／天主教高雄教區主教／

「善詠物者，妙在即景生情。」——清 李漁

首先非常讚賞作者，以攝影之才，如此文情並茂地介紹屏東的教堂，不僅照片美輪美奐，還以動人細膩的描繪，使它們不只是冰冷的建築物，更包含了外來傳教士初來台灣艱辛的傳教歷程，與當地原民文化碰撞及融合後誕生的新火花，也道出近年在時代的變遷下，遇到的困難與改變。

初次閱讀《雙堂記：大武山下的聖堂傳奇》時，看著這些相片、文字，腦海中不禁如拼圖般，不斷拼湊出許多已久久沒有浮現的回憶，或美好，或辛苦，或感動；甚至有早已遺忘的回憶——或許自始至終僅存在於我的潛意識中——經由這本書，才使我與那早已褪色的過往，重新產生連結。

書中講述到的淒美故事——蘇士郎神父，其實他也是我信仰上的父親！在我方呱呱墜地之時，是蘇神父在我的故鄉——嘉義幫我付洗，才成就今天的我。一九五三年

透過兩座教堂的歷史溯源、建築特色等迥異的風格，一覽西方信仰在此落地生根的過程，並彰顯大武山下多元族群的特色。〈卷三〉的「神人之間」則是作者深入踏查訪問所挖掘的感人故事，透過多年後的一場尋親之旅，寫下神人之間曾是一道難解之題，亦是一段跨文化、跨族群的真愛故事。

范毅舜先生透過他熟悉的影像技術，試圖爬梳、還原，並以科學的解析，進一步理解舊照片中所拍攝的時空、人物，輔以傳教士所留文書，挖掘歷史文獻，帶領讀者重新認識那段模糊且逐漸被遺忘的世紀。在揭開一張張被瞬間光影所紀錄的歲月中，人物因此定格、放大，曾經暫停在時光中的記憶，遂逐漸撥雲見日。范先生如行走在信仰中的旅人，用鏡頭訴說著百年教堂的今昔榮華。

如今，兩座教堂橫跨時空到了二十一世紀，而在大武山下，還有許多故事，正在發生……

# 序

創作不外乎是將那如鯁在喉、不吐不快感受弄個明白的過程。

自發表《海岸山脈的瑞士人》、《山丘上的修道院》及《公東的教堂》著作後，因目睹現存體制中的一些問題，暗下決心，往後不再碰觸類似題材。為此，當我又完成一部以教堂為題（尤其是本土教堂），有關歷史、信仰，甚至探究何謂真愛的《雙堂記》時，我自己都深感意外！

本書主角，位於屏東、大武山腳下的萬金大教堂，在台灣天主教歷史上深具份量，她除了是現存台灣最古老的教堂，更是台灣天主教的發源處及重要朝聖地。此外，大教堂所在的大萬金地區，自古就是多元族群的匯集之地，例如，萬金村正前方、檳榔樹夾道的盡頭全是以客家百姓為主的美麗村落。而與萬金村隔著一條沿山公路，本書另一個主角——佳平天主堂所在地的佳平村，則是排灣族的部落。就連建於十九世紀中葉的萬金大教堂，當年也是由來自歐洲的外邦人所建立。萬金與佳平這兩座比鄰而居、興建時間卻相隔近一個半世紀的教堂，儼然是台灣族群、宗教、文化、歷史，不斷求同存異的磨合象徵。

大武山境內，一個個陌生的地名與現代大眾看似毫無關聯，然而萬金與佳平這兩座教堂，除了展現這源自西方的信仰如何在此落地生根，開枝散葉，更深刻爬梳著先民百姓如何成為今日樣貌的歷程。這一頁夾雜著複雜情緒的過往，藉著兩座風格迥異的教堂發聲，是為本書卷一與卷二的主要內容。然而這頁能以不同觀點解讀的歷史，仍無法滿足我對教義真諦的探索渴望。

仰屋竊嘆之際，我在佳平村挖掘到一個感人的故事，進而成為卷三的重點敘事。這篇故事為我在僵化體制的信仰桎梏中開啟了一扇窗，也意外的為卷一、卷二綴文一錘定音，帶給我擺脫過往的勇氣，堅定我在創作中所曾追尋的價值，更開啟了一個富有生氣、充滿契機的遼闊空間。

希望《雙堂記》像《公東的教堂》一樣，能提供讀者一個有趣的觀點，以喜樂的心情及宏觀的視野，來看待我們的家園。鯤島之南，除了陽光、青山、綠野、海洋，更有豐富的人文軌跡。

在這邀請您，如同當年閱讀《山丘上的修道院》一樣：且為自己泡杯好茶或咖啡，找個舒適的空間，讓我如說故事般的，向您娓娓道來大武山下，這一頁由教堂衍伸出的動人傳奇。更祈祝您有個愉快的閱讀時光。

一個多世紀前，大武山的原住民、閩、客移民甚至西班牙傳教士都在為求生存而奮鬥。然而，種種以族群、文化、信仰為名，引發的矛盾衝突，在綿延無際的群山懷抱裡卻又顯得何其渺小。

這是最好的時代，也是最壞的時代；
這是智慧的年代，也是愚蠢的年代；
這是篤信的時代，也是疑慮的時代；
這是光明的季節，也是黑暗的季節；
這是希望的春天，也是絕望的冬天；
我們什麼都有，也什麼都沒有；
我們全都會上天堂，也全都會下地獄。
那個時代和現在是如此的相像，
以至於某些最喧嘩的權威，不論說好說壞，
都堅持只能用最高級的形容詞來描述它。

——狄更斯《雙城記》開卷語

萬

# 卷一

## 聖母聖殿
### ——萬金大教堂——

PART 1

萬金大教堂北側鐘樓下的聖母像，是萬金聖母聖殿的象徵。
陪伴萬金村有上百年歷史的聖像，當年在西班牙製作，自菲律賓運來。
每年十二月八日，聖母無染原罪慶典前夕，
聖母都會自鐘樓請出，換上彩衣，戴上貴重金冠，
進行聖母繞境慶典。

**萬金大教堂一景**

大武山下的萬金大教堂有一百五十年歷史，是民間信仰盛行的鯤島南境、最漂亮與最醒目的宗教地標。其建築除了是國定古蹟，更被羅馬教皇若望保祿二世敕封為全台獨一無二的「宗座聖殿」。

聖母公園

萬金聖母聖殿
天主堂

我很喜歡教堂，我覺得這處名為上帝之屋的地方很迷人，像是一個傳遞超自然訊息的古老象徵，教堂，是有限肉身，通往無限精神領域的界面，在那個能跨越時空的靜謐空間裡，人會很自然地思索此生所為何來。[1]

## 從一張老照片聊起

台灣龍背——中央山脈尾稍大武山下的屏東萬巒鄉內，有座古老的教堂。她是台灣第一座天主教堂[2]及這信仰的發源地，更是動盪大時代裡，一個東、西文化交匯融合的具體結晶。遙想昔日聳立教堂前方兩側高大的椰子樹若仍健在，藍天白雲下，倘有幾位身著印地安服飾的人行走其間，真會教人錯以爲這是座位於南半球、中南美洲的某處聖堂。然而，白色、氣宇軒昂的教堂正門上方卻大氣刻寫著「天主堂」三個中文大字。其上更有一塊源自大清帝國同治皇帝御賜的「奉旨」碑。在在顯示這是座落實於華土上的大教堂。

然而這一座融合了西班牙與閩南建築風格，中西合璧式樣的大教堂，究竟如何立於斯？興於斯？甚至在萬金締造出一個全台絕無僅有的「天國之村」？

當過往歷史化成無感文字，甚至逐漸被遺忘以至無可考時，且讓我們以一張攝自於萬金大教堂的老照片為楔子，來重新認識此地先民為求生存，經歷族群衝突，愛、恨交織，如史詩般的生活歷程吧！

**萬金大教堂正面**

萬金大教堂是台灣最古老的教堂。矗立在大武山腳下的教堂，蘊含南台灣一頁信仰與教堂傳奇，更見證一段始自十九世紀末、不分中外，一些普通人在現實與理想間，共同面對族群與文化及利益衝突的生活史。源自西方信仰的雪白教堂更是一個為尋求永恆、超越死、生的真愛見證。

1 引自《公東的教堂》

2 座落於高雄苓雅區的「玫瑰聖母堂」，原早於萬金天主堂興建（1862 年），但因在 1928 年以新哥德式樣重建，原狀無存，而坐失第一寶座。

**萬金天主堂重修落成領洗初領聖體與神父合影留念**

斯人已逝。這張光影燦爛的影像卻將一個早已消逝的瞬間、深刻凍結下來，就連左上、鐘樓窗邊，那不請自來的旁觀者，都清晰入鏡。未化為粉塵的老照片隱藏著無數故事。例如畫面中，那位站在最右邊、雙手置於胸前白袍下的傳教士，就是本書最後一章的主角。

斑駁點點的老照片，宛如時光隧道入口，它讓我們得窺萬金大教堂的昔日風華，更讓我們領略那被遺忘的歷史腳步，如何一路走來。（潘明福先生提供）

萬金天主堂重修落成

及兩旁的準備室。當時由於兩岸隔絕，昔日的唐山師傅全都換成了在地工匠。萬金大教堂在這年大規模整建完成啟用後，象徵著這源自歐洲的古老信仰，在台灣一個新紀元的開始。

如今，大合影中的人物除了第一排坐著的小童外，第二排以上的大人們怕都已不在人世了！一九六〇年，民國四十九年，是天主教信仰在台灣傳播最熱絡的時期，也正值世界冷戰的高峰期。美國因而組織各種民間團體，有計劃地援助經濟落後的台灣。由於不信任官方，贊助單位將包括麵粉、奶粉和各種舊衣物等民生物資，委託台灣的天主教會代為發放。再加上民國三十八年前後，原本散布在中國大陸各地的天主教神職人員，陸續被共產黨驅逐出境後多輾轉來台，島上天主教神職人員一時大增，廣納信友的教堂如雨後春筍般地在全台各地出現，教徒人數因而陡增。經歷近一個世紀春秋，遭受無數劫難，貴為全台最古老且重新修復的萬金大教堂，自然也躬逢其盛，沒有在這大好時代缺席。

相片中身著白袍的西方傳教士仔細算來有數十位之多。時值春秋鼎盛年華的眾神職人員，除非教會當年別有遺派，今日已大多長眠於萬金大教堂附近的聖山墓園裡。若不是有圖為證，有關他們的一切，早已如過眼雲煙般消散殆盡。

**萬金大教堂內觀**

萬金大教堂經歷多次整修，卻一直保有主堂與迴廊原始格局。教堂內的手工紅磚，於上世紀末、第四次整修時鋪設。

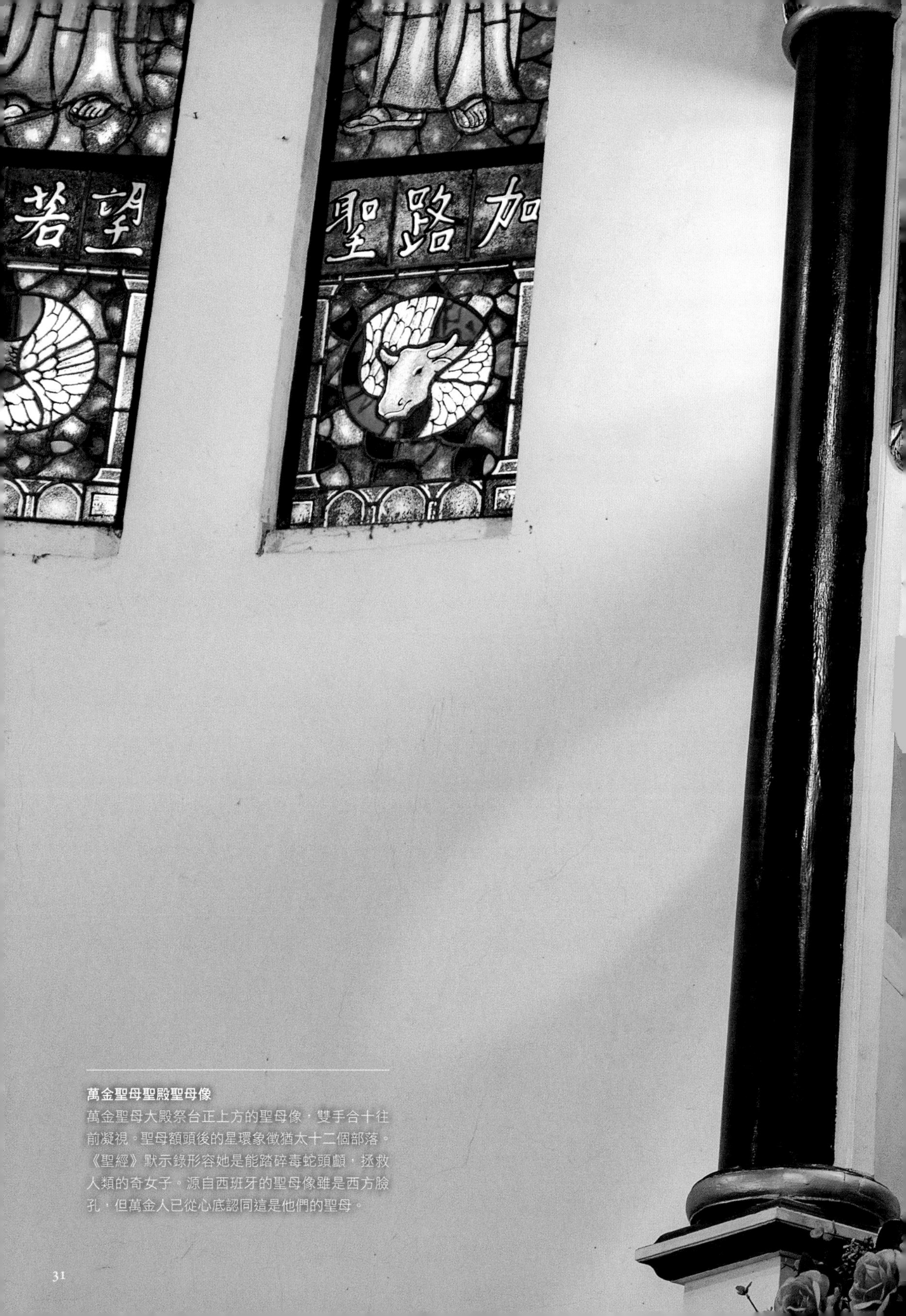


**萬金聖母聖殿聖母像**

萬金聖母大殿祭台正上方的聖母像，雙手合十往前凝視。聖母額頭後的星環象徵猶太十二個部落。《聖經》默示錄形容她是能踏碎毒蛇頭顱，拯救人類的奇女子。源自西班牙的聖母像雖是西方臉孔，但萬金人已從心底認同這是他們的聖母。

**富有拉丁殖民情調的萬金大教堂與庭院**
晨光中的萬金大教堂，會讓人誤以為是拉丁美洲某座由歐洲傳教士建立的殖民教堂。萬金大教堂腹地廣大，教堂庭園後更有一座以祈禱生活為職志的隱修院。西方文藝復興時期，大航海時代崛起；歐洲君主、野心家嚮往傳說中的黃金國，派遣軍隊與商船出海探索新據點。隨從他們出海的傳教士，幾百年後，因緣際會的來到歷史、政治、文化全然不同的亞洲台灣，更在大武山下的萬金，建立了一個前所未見的天主教村落，

雖說走過必留痕跡，但當今台灣許多天主教徒自己或許都不知道，台灣天主教信仰是始自萬金教堂，以及幾乎與之同時興建，位於高雄、舊名前金天主堂的玫瑰聖母聖殿。

然而僻處偏野之地卻更接地氣的萬金教堂，當年如何落地生根，甚至成就了一個幾乎全村百姓俱領洗入教，且代代相傳而有「天國之村」令譽的事蹟，或正可見證一段始自十九世紀末，不分中外，一些普通人在現實與理想間擺盪，共同面對族群與文化及利益衝突的大時代生活史。

在資訊發達卻紊亂、各說各話的後網路時代，史實可以被任意曲解甚至再造。然而一張張未被歲月碾成粉塵地老照片，卻是個堅實的存在。縱然景物不在，人事全非，老照片卻依然能理直氣壯的傳達出那個年代最真實的面貌與風華。除了能喚起後人無限遐思，更能激發當事者主觀的感受。且舉發生在與萬金毗鄰、排灣族佳平村天主堂的一樁故事為例：二〇二〇年中央研究院民族學研究所，在佳平村天主堂舊址舉辦了一個昔日採集於此的文物歸鄉特展。揭幕這天，一位原鄉婦女一眼望到牆上一幀攝於上世紀五〇年代的影像時，竟在眾目睽睽下涕泗橫流。在那個原住民無能力為自己留影紀念的年代，這張照片意外為她保留住了父親的身影，縱然影像中人是如此模糊，卻仍讓她情不自禁地輕撫照片，一如見到生父般的不能自已。

細究萬金大教堂這張老照片，若我們將其中一個個的人物定格、放大，循跡挖掘出人們對他們的記憶，能衍伸出的各種故事，當是更豐富、更動人心弦！順著影像，

**鐘樓下的聖母像**

當世人酣睡夢鄉時，萬金聖母聖殿鐘樓下的聖母仍雙手交錯，仰望穹蒼，為傾聽她子民的心聲，已在那佇立了萬千個晨昏夕陽。她是萬金聖母聖殿的具體象徵。自外地歸來的萬金遊子，就算教堂大門已關，也要隔著窗，向聖母像合十敬禮才算到家。

**萬金大教堂南面牆一景**
萬金大教堂自前清起經歷三次不同政權轉移，然而她一直在傳遞著神愛世人的訊息。豔陽下的教堂洋溢著詩般的情調。

**萬金大教堂南面牆與庭院**

歷史像一面鏡子，人以什麼高度看它，它就展示一個人眼界能及的範圍。它或像一個拼圖，敘事者以何種角度觀之就能拼出不同的圖像。人間千年，天上一日。南台灣的艷陽卻將大教堂的牆面與庭院揮灑成一片洋溢著異國情調的光之聖境。

緬懷今昔，不禁令人玩味狄更斯《雙城記》中的卷頭語：相片中的那些人物究竟是處在一個最好還是最壞的時代？那些傳教士一生經歷信仰追尋與實踐的過程後，他們的靈魂最後究竟歸屬何方？

這破損照片雖攝於生活物資匱乏的年代，卻是個有信仰、如春天般、富有希望的時代。方寸影像具體反應出傳道人當年積極拓教，極富活力的情景。就在這張老照片拍攝的前十年（一九五〇），相片裡的一些傳教士，在前輩歷經前清的漢番隔離及日本高壓控制近百年時光後，終於將天主教信仰傳入了距萬金大教堂不過兩公里外的排灣族部落，並在那建立了全台原民部落中的第一座天主堂——佳平法蒂瑪聖母堂。有趣的是，當現今天主教在全台各地普遍式微、教友大量流失，許多教堂人去樓空之際，佳平部落卻於二〇一八年在舊堂對面，落成了一座嶄新、混合原住民祖靈神話及天主教神學的新教堂。

萬金與佳平這一先一後兩座天主堂，前者就座落在大武山腳下的平地上，後者則立於緣山而上的山坡前沿。若無茂密山林遮蔽，兩座大教堂幾乎可以遙遙相望。然而，這兩座看似靜謐、平日都坐不滿、與世無爭的教堂，誰知竟默默蘊涵著一部牽涉大武山下近代多元族群的人地發展史。

這一冊不太為人知曉的史頁，得從比相片中更早到來的傳教士說起。但在我們進一步認識這群天邊來的異鄉人前，且讓我們先對萬金本身的地望，有個初步的瞭解。

**大武山遠眺大高屏地區**

自萬金經過佳平大教堂，往上走一點，就可看見大高屏地區美景。

西方史家形容一八六〇、七〇年代的南台灣為野蠻人居住的未馴服之地，大致處於清廷的統治力之外的原始自然狀態（註），一個史家未多作著墨的化外之境。物換星移，這片土地一個半世紀下來，有了驚天動地的變化。

註：Robert Eskidsen 南台灣踏查手記、英編者導言、第十五頁。

## 難以抵達的萬金

萬金村位於屏東東南，中央山脈尾端南大武山腳沿山公路（屏東縣道185號）之南的萬巒鄉境內。交通四方八達，遠道而來者循國道三，88快速道路接沿山公路即可直達村內。屏東及高雄客運每天也都有數班公車駛抵萬金。然而，一個半世紀前要來到幾乎與世隔絕的萬金可不是如此容易。

一封傳教士寫於一八八七年的信件這樣說道：「二十五號那天，我們由前金（今高雄市區）出發到萬金。說真的，就是個健壯的（人）走在這條路上，不做任何工作，單單只是徒步旅行，也會覺得疲憊不堪。這裡沒有像樣的馬路，盡是羊腸小道，步步都得小心翼翼，提心吊膽，隨時注意警惕，跳過溝壑、涉越河床，細察哪裡可以落腳，才不至滑倒，掉到泥沼裡。這行程本需七小時就可抵達，我們卻持續了十一個鐘頭……」[4]。這還是傳教士已進駐萬金十六年後所寫的信，在此之前要到萬金怕是更為艱困。

十九世紀中葉前的大萬金地區，其實是個天高皇帝遠的化外之境。台灣雖早在康熙年間被大清帝國納入版圖，設台灣府歸福建省管轄，但由於地處邊陲，大清帝國實鞭長莫及，無力積極經營。彼時的大武山下，除了有閩、客移民和逐漸漢化的平埔族外，更有幾乎與外界不相往來的所謂「生蕃」。為了爭奪極其有限的生存資源，幾個族群間長期傾軋互鬥。然而，若我們將歷史視野自原土擴大，那時的台灣事實上已陷入被東西列強虎視眈眈、卻不自知的險境。

**李嘉祿神父與老埤的馬卡道族**

李嘉祿神父（Ramon Colomer 1842-1906）於1866年，其二十三歲時抵台，分別在萬金、台南、沙崙傳教，在台三十年。

萬金大教堂的大鐘及聖母遊行用的大轎都在李神父任內完成。這張老照片的萬金百姓仍做平埔族打扮。李神父任內的萬金發生了嚴重教難，死傷慘重。（道明會玫瑰會省提供）

4　高熙能神父（P. Francisco Giner.1836-1946），在台51年。此為高神父於1887年4月2日所寫的信件。

鴉片戰爭（一八四〇至一八四二）簽訂一連串不平等條約後，促使大清帝國門戶洞開。一八五八年的《天津條約》更准許外國人開始向中國內地傳教。羅馬教廷當即派遣馬尼拉的道明會玫瑰會省會士，進抵台灣積極拓展教務。有趣的是，早在兩百年前，這個團體就曾隨西班牙軍隊一度抵台做過短暫的停留。

一六二四年荷蘭人佔領南台灣後，西班牙軍隊隨即於兩年後在北台灣貢寮三貂角登陸。一直到一六四二年間先後有三十一位（另說三十三或三十四位）道明會玫瑰會省會士企圖以台灣為跳板，繼續到中國大陸與日本傳教而在北台灣逗留。近年基隆和平島陸續發現建於彼時的教堂遺跡，確證了道明會在該地活動的一些足跡。然而，或因居留時間過短，當時即使有本地的信徒受洗，天主教信仰卻並未延續下來。日後，當道明會玫瑰會省會士再度來台時，情勢已大為改觀！

**基隆和平島十七世紀道明會玫瑰會省教堂遺跡**

基隆和平島新近出土的諸聖教堂遺跡，證明了十七世紀西班牙傳教士在此曾經駐留。

**萬金大教堂的吊燈**

在黑暗與黎明之際，世人如何做出對自己與他人有益的智慧抉擇？時間從不等人，萬金大教堂聖體櫃前的一盞小燈猶如那群抱著理想的傳教士，縱然渺小卻仍綻放光芒。

# 道明會玫瑰會省傳教士

原名羅馬公教會（Roman Catholic）的天主教傳教士，在人類史上是相當另類的文化傳遞者。他們全然放棄自我，懷著天啓般的信念，遠赴他鄉異地，為一個信仰而獻身作證。西元十五、六世紀，歐陸傳教士開始隨著西、葡船隊向歐陸以外地區進軍，將原本侷限於歐陸的宗教傳到世界各地。

**道明會會徽**

「道明會」於十三世紀在西歐創立。這個以雄辯及傳遞真理為職志的團體對西方文化影響至鉅。黑白相間的十字架是這個古老修會的會徽。

十九世紀前來萬金傳教的天主教「道明會玫瑰會省」是西方托缽修會「道明會」的一個分支。原名「宣道兄弟會」(Order of Preachers，簡稱「OP」)的道明會，一二一五年由西班牙卡斯提爾的一個貴族聖道明（St. Dominic de Guzman 1170-1221）所創立。這以傳遞真理為職志且擅於雄辯的團體，在創立短短數年間就迅速擴張。早期一千五百多位成員散布歐洲各地，更跨足北非的摩洛哥及突尼西亞。十五、六世紀，隨著大航海時代的來臨，道明會士及其他天主教修會組織，也隨著西、葡船隊向歐陸以外地區進軍；在亞洲方面，西班牙道明會首先於一五八一隨軍抵達菲律賓群島，在當地開啟了天主教信仰。基於在東方開展更全面傳教事業的熱情與野心，這修會更於一五八六年在其海外大本營——墨西哥特別成立了針對遠東，包括中國福建、台灣、日本及越南傳教的道明會玫瑰會省組織，並於次年七月移駐菲律賓。十七世紀初抵達台灣並在北部停留達十六年，後被早到之荷蘭人所驅逐出境的西班牙傳教士，就是隸屬該一團體。

**聖道明像**

萬金教堂裡的聖道明像源自這位聖人迄今最早的的一幅畫像。原作是繪於十四世紀的壁畫，存於今日義大利波隆那（Bologna）的某處聖道明會院裡。

# 傳教士初抵萬金

一八五九年五月天津條約簽訂一年後，西班牙道明會玫瑰會省的郭德剛神父（P. Fernando Sainz Morales 1832-1895. 在台十年）在道明會玫瑰會省睽違台灣兩個世紀後，自福建廈門登船抵達了打狗港（今高雄）。可想而知，憑藉不平等條約而來的傳教士彼時並不受歡迎。備受本地漢人排斥的郭神父，某日北上探訪大目降（今台南新化）、新港（今台南新市）一帶的居民，竟意外受到當地平埔族頭目熱情款待，而留下了深刻美好的印象。

一八六一年正月（咸豐十一年）郭神父得知下淡水溪，也就是今日高屏溪流域一帶的萬金與赤山也有平埔族居民，先前那段美好的記憶促使郭神父於該年十二月初，從打狗徒步六十餘里來到了萬金。

「萬金是個漂亮的小村……村子位於綿延不斷的群山腳下，土地肥沃，物產豐富，可以和任何地方媲美，真是個美麗的福地。」[5]這是相隔四年後，另一位良方濟神父在信件中對萬金的描述。

**昔日小教堂**

台灣的天主教堂常是這樣開始的：一位傳教士來到一人生地不熟之處，有了棲身之地後，即著手建立一個簡陋傳道所，當教友到達一定人數後，再開始興建更堅固、可容更多人參與的教堂。萬金大教堂起初也是一間小草房。這張不知攝自何處的聖堂，讓我們有機會想像萬金大教堂的初始樣貌。（萬金大教堂提供）

5 良方濟神父（P. Francisco Herce 1839-1894.）萬金第五任本堂神父，在台16年。此為良神父於1865年4月18日所寫的信件。

**萬金的兒童學校（1907-1928）**

孟德義神父（P.Juan Beovide1874-1928）於1902年、二十七歲那年來到台灣，再未離開。孟神父生前總把衣物給貧窮人，自己從沒有穿過新衣服。孟神父在萬金過世，是第一位埋葬在萬金聖山的傳教士。（道明會玫瑰會省提供）

**舊日萬金聖詠團**

萬金大教堂的聖詠團很活躍，不過十年前，教堂還有專屬國樂團，每逢大瞻禮，聖詠團與教友頌唱聖母古調歌謠，極其美哉。這張古老的照片，讓我們看到西方傳教士將西方樂器傳入萬金，豐富了當地的文化。（道明會玫瑰會省提供）

這張攝於1889年的影像，群像中人物為昔日被稱為熟番及平埔族的馬卡道族，他們竟是今日萬金百姓的先人。（萬金大教堂提供）

記念撮影

**天邊來的異鄉人——西班牙道明會玫瑰會省會士**

這張攝自於中部某溪流的照片，其上的傳教士，初抵台灣時大多為二十五歲上下。

其中在台期間最短者，待了十九年；而時間最久的更長達七十一年。什麼樣的信念，讓他們遠赴他鄉，至死也不離去？影像中正值盛年的神父，有五位長眠在萬金的聖山墓園，成為大武山的一部分。

第一排（左至右）

陳若瑟神父(1903-1979)在台五十年，葬於萬金；戴剛德神父(1909-2007)在台七十年，葬於萬金；羅道真神父(1903-1987)在台四十八年；良雅師神父(1897-1989)在台六十六年，葬於萬金 。

第二排（左至右）

李安斯神父(1899-1956) 在台十九年；魏若瑟神父(1905-1960)在台十五年；包德良神父(1908-1987)在台五十三年，葬於萬金；最右邊是馬西略神父(1905-1997)在台六十五年，也葬於萬金。第二排右邊第二位華人可能是傳道員。（道明會玫瑰會省提供）

到了二十世紀初，另一位較晚抵達的會士則這樣形容萬金：

「在過了南部的淡水河（今日的高屏溪），我們終於抵達此行的終點——萬金村。廣闊的平原，陽光普照。它座落在大武山、叢山峻嶺的對面，這兒享有天上的眷顧、庇護。從山谷中湧出豐富清澈　透明的溪水，流經之處，水聲潺潺做響，激起清脆的水珠。這裡栽種許多檸檬樹、柚子樹、製糖用的甘蔗及椰子樹。有高聳竹子林圍繞著村莊，隨風飄來斑鳩幽逸單調的催眠曲……」[6]

兩位會士所描述的彼時萬金，幾如伊甸園般的美好沈靜。然而，他們對萬金的印象似乎過度浪漫與理想化。例如，緊挨萬金村、相距不及一公里的赤山聚落，就曾被他們的另一位弟兄形容為沒錢、沒珠寶可藏匿，連吃飯都成問題的赤貧之村。

一八六二年一月（同治元年）道明會玫瑰會省又從廈門直接派遣傳道員到萬金。就在郭神父初抵萬金三年後的一八六四年十二月八日聖母無染原罪日這天，萬金村有四十七位教友領洗入教。一八六九年，年方二十七歲的良方濟神父開始著手在萬金擘建教堂，特奉無染原罪始胎聖母為主保。教堂內身高六呎的聖母像自西班牙訂製，從菲律賓轉運而來。一八七一年，兩位唐山雕刻師由福建被延聘渡海前來萬金，著手雕刻聖母出巡用的大轎。同年復活節後，可容納八十人的萬金教堂正式啟用，自此，教友人數快速增長。當傳教事業以萬金為中心，正要繼續擴張之際，發生在附近、震驚國際的「牡丹社事件」爆發，台灣歷史開始劇變，萬金大教堂在此風雲變色前夕，卻因緣際會與某位重要人物結緣，因而展開一段極不尋常的平靜歲月。在說起這段故事前，我們不妨先多了解一下道明會玫瑰會省傳教士彼時在萬金的處境。

**1882年聖母主保出巡之打棍隊**

萬金聖母出巡像極了本地神明繞境。這張攝自於上世紀末的聖母遊行，壯觀景象一點也不遜於今日。（萬金大教堂提供）

6 李安斯神父（P. Elías Fernández Álvarez. 1899-1956.）在台 19 年。此為李神父所寫的信件。摘自《美麗島．主的莊園》140 頁。

**舊日聖母出巡**

萬金村的聖母遊行是全村百姓都會參與的大活動。物換星移，老照片中的聖母繞境依然教人感動。（萬金大教堂提供）

的心又得安寧。」

另一個令傳教士感到難受的是百姓對他們的排斥，一位在今日嘉義大林鎮沙崙傳教的會士於一八八七年七月三十一日寫給他長上的信件這樣說道：

「不論我們如何贏得同情，還是一個『番仔』。即使像本地人一樣的穿著，剃掉頭髮，留著小辮子，但仍就是『番』。起初，可能會有人出於好奇，來看外國傳教士聽他說話，但好奇心一滿足，就走開了，可能還會用嘲笑的口吻，叫嚷著『番仔』」，『番仔』。」[9]。

懷有傳教熱誠的傳教士畢竟異於常人。同樣是李嘉祿神父寫的信就說：「傳教士最需要的是愛慕天主，勇敢背負耶穌基督的十字架，他該準備接受磨難、困苦和凌辱，一切為天主的光榮。遭受凌辱和輕蔑，是傳教士的命運。」

直到一八七〇年前，台灣全島也不過只有五位分布於北、中、南的道明會玫瑰會省會士。特別是第一位抵萬金的郭德剛神父，頭兩年除了言語不通，更是孤身一人在四面受敵的環境中傳教。事實上，初期抵台的會士，大多只是甫逾弱冠之年的青年人。直到今天，這個修會所培育的神父，同樣多數在這個年紀就被遣往異國他鄉。他們遠離親人，在抵達陌生地後，就如幼兒牙牙學語般地學習在地語言與適應當地文化。經過多年努力全然融入當地，最終甚至長眠與此。

**道明會會衣**

傳教士在人類歷史上是另類文化傳遞者；他們懷抱著一個有如天　般的信念，犧牲自我到他鄉異國為信仰作證獻身。陳列於萬金大教堂北面鐘樓裡的道明會袍是會士們的會衣。

9　高熙能神父所寫的信件，摘自《天主教在台開教記》128頁。

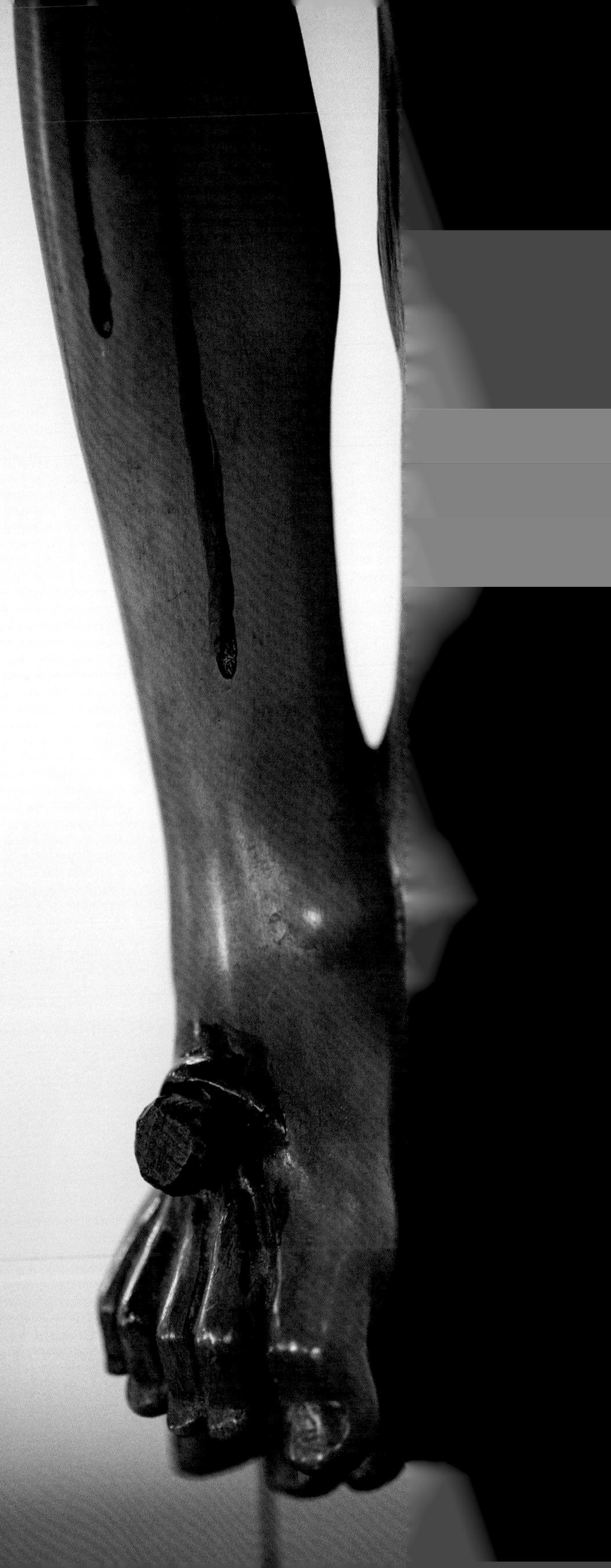

「我曾度過難過與冒險的日子，致使我曾想把萬金村遷到另一個更安全而平靜地方的念頭：但眼見教友們個個都安好而快樂的工作，我問自己：難道這不是我該走的路嗎？眼見這麼多人，從罪污中洗淨自己，懷著純潔心靈站在天主面前，在這麼多來自地獄、血氣和肉身矛盾的辛勞中，謙卑地忍受，我們還需要什麼更顯著的奇蹟來證明這就是屬於主的家業？」郭德剛神父。一八六四年二月二十六日。

二十六歲就到台灣的郭德剛神父當年甫自打狗（高雄）上岸，就飽受鳳山知縣為難。一八六六年萬金因為拒絕攤分秋收慶典費用，遭到客人報復，教堂遭縱火焚燬。

萬金大教堂這尊自西班牙來的基督苦像，見證這信仰在他們心中的意義。

# 萬金大教堂與牡丹社事件

十九世紀末當大清帝國尚未察覺台灣所處重要戰略地位時，各列強勢力已為爭取台灣作為向東亞通商貿易的一塊墊腳石，而爭鬥不斷，各種紛擾，風起雲湧。

就在萬金大教堂建成的隔年（一八七一年，同治十年），一艘遇颱風漂流至八瑤灣（今名九鵬灣）的琉球商船人員遭原住民殺害，引起日本干涉。三年後日本更大舉侵犯南台灣原住民部落，釀成引起國際側目的「牡丹社事件」。大清帝國不得不派人前來善後。船政大臣沈葆楨此時特奉欽差，以「開山撫番」名義首度來台，更同時辦理台灣海防兼與各國通商海運事務。

一八七四年五月十四號這天，沈葆楨路經萬金，遇萬金本堂神父著清朝服飾，戴圓帽，留髮辮，操流利的河洛方言，大感驚異。沈大人更為萬金村內教友團結和睦的氣氛所感動。在與神父暢談後，理解神父面對當地族群衝突的困境，同時體察到教會可移風易俗，有助於撫番，乃決議回京時啟奏皇帝，請准天主教會有權自由播教，不許莠民再予滋擾。同治皇帝納奏照准，同時御賜「奉旨」和「天主堂」兩塊碑文，命沈葆楨擇期送與萬金教堂。[10]

第二年（一八七五年，光緒元年）三月二十五日這天，沈葆楨二次抵台，特將「奉旨」、「天主堂」兩方御碑親自送來萬金，懸掛於教堂玄關。自此官民兵馬路經堂前，見「奉旨」如君臨，務必下馬行禮。

萬金聖母聖殿正面額頭上，至今仍嵌放著這塊在昔日具有強大約束力的「奉旨」碑。道明會玫瑰會省會士雖因這塊碑石在萬金有了立錐之地，但處境依舊艱難。

一八八四年的中法戰爭雖與西班牙無涉，但同是西方人，新仇加舊恨的仇外勢力，讓萬金大教堂再度陷入危機。

「牡丹社事件」清廷雖派沈葆楨前來善後，卻仍未意識到台灣戰略地位之重要。直到中法戰爭，法國軍隊進攻台灣北部，大清帝國才警悟大事不妙。乃在一八八五年（光緒十一年）速將台灣升格為大清帝國第二十個行省，派劉銘傳戮力經營。無奈為時已晚。一八九五年甲午戰敗，台灣割讓日本。強權治理之下，萬金大教堂在日本殖民的頭四十年，雖有段較太平的歲月，但殖民者當局並不放心萬金的外籍神職人員，除了不鼓勵天主教的信仰傳播，更曾將他們集中看管。就在二戰結束前夕，大教堂還曾一度被日軍徵用。直到一九四五年日本投降後，萬金大教堂才又恢復了原有的正常運作。

**喬賢明神父**

(P.Federico Jiménez Perelló. 1840-1877)

1869 年來台（時年二十九），在台七年。

在燈影焯焯的教堂空間裡，我真想與一位早作古的西班牙道明會士聊聊。他或許會身著唐裝，留著髮辮，如同影像中的喬賢明神父一般，以一口流利又優雅的河洛古語與我講述基督救恩及充滿血淚的傳教故事。而沈葆楨大人當年路過萬金所遇見的神父或許就是喬賢明或彼時同在萬金的吳榮福神父。（萬金大教堂提供）

10 因良方濟神父之請，今高雄前金教堂亦同時獲賜兩塊御碑。

奉旨
金聖母聖

# 天國之村的形成

一直到日本據台前，道明會玫瑰會省會士在萬金地區只待了三十六年。除了傳播福音，他們為了保障信徒生命財產的安全而大費苦心。昔日，緊鄰萬金教堂周邊而居的百姓，基本上多屬平埔族。由於客家族群持續由外圍向大武山邊墾殖擴張，與平埔族人衝突迭起。二十四歲就來到萬金的楊崇真神父（P. Andrés Chinchón.1838-1892. 在台二十一年）在一封寫於一八六二年的信中這樣描述：

「這些土生種族……很貧乏，一方面因為他們缺乏才能和先見，另一方面，更因為華人的狡詐，懂得利用他們的單純。他們所住的村莊，所耕耘的田園都比較貧瘠。而且在我看來，因為他們沒有進教，這村莊以及附近的村莊，早已不見人的蹤影。在這傳播福音時，他們與粵籍華人不斷發生戰爭。由於華人力量很強大，他們到最後必全敗在華人手下。只有在天主教會內，人們才能發現真正的和平、自由及文明！我曾不只一次向我可愛的新教友及一些外教人講過這事。」[11]

為保護教友，早期的道明會玫瑰會省會士開始在教堂周遭廣置田地。二十歲就來到萬金，在台灣整整待了五十一年且長眠於此的高熙能神父，在一封信中簡單說明了教會這時期的作為：

「開始在萬金傳教時，郭德剛神父幾乎利用全部的時間跟原住民（平埔族）在一起，給他們不少幫助。因此，不難明白為什麼原住民在外教人鄰居的責難下，還有那麼多人來聽道理。郭神父購買了土地，交給他們去耕種，這是吸引他們來聽道裡的主要原因。對那些夜晚來聽道理的人，就為他們準備晚餐，可以吃飽再回去……」

**萬金大教堂的奉旨碑**

萬金大教堂上的「奉旨」及「天主堂」碑為花崗岩刻成。高雄玫瑰主教座堂也有相同兩塊；後者的「奉旨」碑在二〇年代末時被深埋入地下，直到 1972 年才重新出土。這一塊碑石清楚顯示了萬金大教堂，這一頁可歌可泣的開教過程。

11 楊崇真，Carta al P. Provincial.1876.5.12.《美麗島‧主的莊園》140 頁。

散居他處的平埔族也因為教會政策而由原居地陸續遷入萬金，進而建立了一個外人眼中的「天國之村」。

十九世紀中葉來到台灣萬金地區傳播福音的傳教士們，雖不像在拉丁美洲那樣，將整個在地的傳統信仰文化全面徹底改觀，但一個半世紀下來，萬金這一隅之地成為一個天主教色彩濃厚的村落，卻是不爭的事實。例如，從村外往教堂的路上，就可見到位於路中央高聳巨大的聖母像。至於村內則隨處可見如傳統土地廟、石敢當般的聖母亭、聖母態像等。就連百姓住家外牆上也多飾以天主教信仰為主題的壁畫。至於室內，一般閩南家庭常見的神龕、祖宗牌位，全被聖母、基督、聖人圖像取代。

事實上萬金村人一整年的作息、節慶活動，都是圍著天主教的曆法流轉。凡遇天主教的任何大瞻禮[12]，整個萬金村都要大肆慶祝，儼然像是完全自外於台灣主流社會的一個「異邦」！

今天許多慕名前來萬金教堂一遊的人，鮮少知道整個萬金和赤山兩村，直到目前仍有三分之二以上的地權還登記在萬金教堂財團法人——聖徒會名下。類似購地作法，過去也曾以彰化羅厝天主堂和高雄玫瑰聖母聖殿為中心，形成了以天主教徒為主的聚落。不過，隨著社會變遷，羅厝和玫瑰聖母聖殿早已將土地開放給教徒認購，隨地權不斷轉手流失後，天主教聚落因而瓦解。

萬金大教堂除部分土地因一九五一年開始施行三七五減租政策，以低廉價格讓渡給一些村民外，主要地權迄未開放，因而保留住了當今全台唯一一個立足於教會土地，圍繞教堂而居的天主教村落。大多數村民目前每年仍需繳納少量的地租給教堂，轉由其匯總後作為地價稅上繳國庫。

**萬金日常**

萬金村正前方全為客家聚落。從萬巒前來萬金，會陸續經過幾個整潔而優美的客家小村。進入萬金社區前的聖母像，表明這是個受聖母庇佑的村落。

萬金的節慶全與天主教曆法有關。今日萬金與赤山村內，處處可見如石敢當、土地廟一般的聖母亭、聖母像。此外，百姓家室外牆上也多繪有宗教主題壁畫，使萬金村有如閩南社會中的一個「異邦」。

閩南家庭的神龕與祖宗牌位，在萬金全被西式聖母、基督、聖人聖像取代。天主教信仰在萬金內化地這樣徹底，使萬金村成為全台獨一無二的天主教聚落。

12 重要的天主教節日，天主教最重要的四大瞻禮分別為聖誕節、復活節、聖神降臨節及聖母升天節。

萬金社區
主愛的人在世享平安
天主受享光榮於高天
慢

金社區

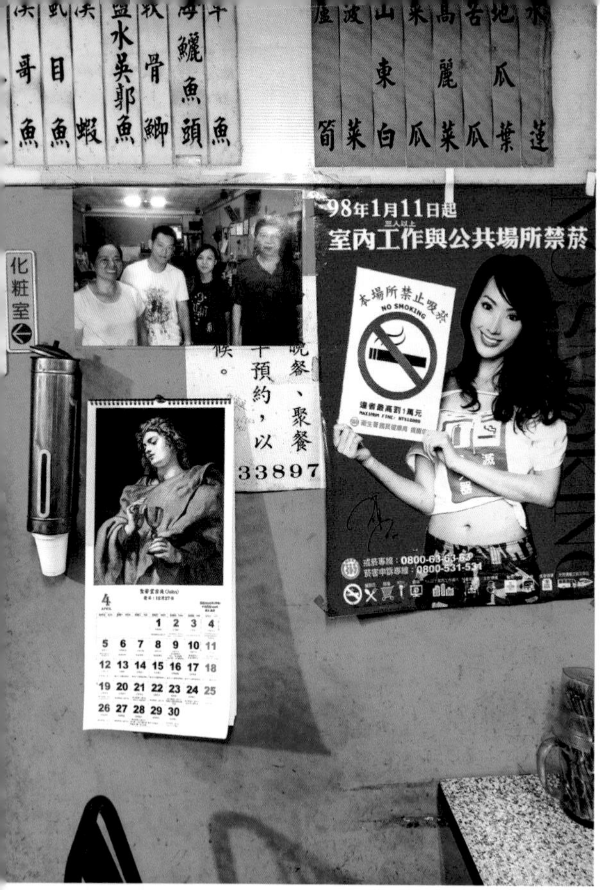
化粧室
98年1月11日起
三人以上
室內工作與公共場所禁菸
本場所禁止吸菸
NO SMOKING
違者最高罰1萬元
0800-63-63-63
0800-531-531
晚餐、聚餐
預約，以
33897
4

近一個半世紀的洗禮，今日萬金村已是個天主教的村落，百姓生活作息隨著天主教曆法流轉。除了例行彌撒，每晚還有查經、聖詠練唱，家庭祈禱等活動在教堂或百姓家舉行。圖為例行的家庭祈禱會（左頁）。儲物架上的聖母，其下的鸚鵡（右頁下），餐廳牆上的菜單、禁菸海報及天主教月曆（右頁左上），看起來是如此突兀卻又相得益彰。生猛有力的畫面，在在顯示這信仰，如何影響及彰顯在萬金的日常生活裡。

SAMPU

**聖像之屋**

萬金每家都供有聖像，鄭明松先生就收集了許多來自國內外聖像，他除了堅信每尊聖像都在護佑他，更能如數家珍地說出它們的來歷。鄭先生的親人多已離世，但因有聖像陪伴除了不孤單，更堅信有天他們都會在上主預許的樂園重逢。

**聖母出巡前的祈禱**

12 月 8 號聖母出巡前夕，萬金村信徒會來到聖母像前齊唱聖歌，感謝聖母。藉著祈禱，將心願上達天聽。（右頁上）

**聖母出巡前導鼓樂隊**

聖母出巡，鼓樂做前導。小花童、打棍隊就位，扛著聖母花轎的壯漢佇立花轎兩邊默禱。昔日，扛轎者都要認真告解，潔淨靈魂後才能肩負聖母，將平安喜樂帶至村中每一個角落。
（右頁下、左頁）

**聖母出巡**

聖母起轎出巡了！來自全省各地的信徒，拿著代表自己教堂的旗幟，興高采烈的走在聖母花轎前頭。他們唱歌，手足舞蹈的將聖母的祝福沿途散布。

天主教高雄教區
聖加大利納堂

天主教

# 今日萬金

距道明會玫瑰會省傳教士初抵萬金起，已一個半世紀過去了。教堂後的大武山青蔥依舊，但白雲蒼狗，這世界卻已大為改觀。就近的來說，昔日萬金地區的族群不和，已逐漸消弭成為茶餘飯後的話題；羅馬公教會在形式與內涵上也起了極大轉變。至於道明會玫瑰會省本身在台灣則變化更大。

直到一九四九年，分布於全台各地的天主教堂，原都由他們全權署理。今日台北、高雄的主教座堂，當初就由他們建立。然而，天主教外方傳教會有個不成文的規定，就是會士們每到一個新據點，一旦開教經營有成後，就會將所有成果，包括累積下來的土地房舍等，全部移交給當地教會，自己再去開發新的傳教區；作為外方傳教會之一的道明會玫瑰會省也不例外。由他們一手擘建的萬金大教堂，在千禧年後的第十年，已全部移交給本地的道明會。萬金最後一位受人敬愛的玫瑰會省會士盧懷信神父，也在耳順之年放棄所有，隻身前往人生地不熟的東帝汶服務。

除了星期天的主日彌撒，萬金大教堂每天都舉行平日彌撒。村裡許多老人即使行動不便，也多會駕著三輪傳動車來教堂參與彌撒、領聖體。教堂活動中心每晚更有查經班、聖詠團等練唱活動。每年聖母無染原罪慶典九日敬禮[13]彌撒結束後，所有教友聚在聖堂內的聖母像前，伴隨著絲竹管弦，以閩南語高聲齊唱傳教士一個多世紀前引自福建，頗有南管曲風的〈聖母古謠讚歌〉。之前，誰又能想像這源自西方的信仰，除了與萬金人的日常生活融合，更內化到如此深刻而自然的程度!?

不過數年前，村民的作息仍仰賴教堂鐘聲。不同鐘響，報時也報訊。每當有教友

**萬金聖母**

萬金大教堂北側鐘樓下的聖母像，是萬金聖母聖殿的象徵。陪伴萬金村有上百年歷史的聖像，當年在西班牙製作，自菲律賓運來。每年十二月八日，聖母無染原罪慶典前夕，聖母都會自鐘樓請出，換上彩衣，戴上貴重金冠，進行聖母繞境慶典。

13 天主教儀式。連續九天為一特殊意象在教會舉行的宗教活動。

過世，大教堂都會敲出哀悼的慢鐘。隨著時代演進，教堂鐘聲除了不再報時，也不再輕易響起。然而，老一代教友，仍不免懷念那隨著鐘響，起床、晨禱、午禱及夜禱的歲月。在那個物資匱乏，生命無常的年代裡，他們有天主可依靠；當世局紛擾，諸多不安時，他們堅信會有上主庇護。

回首過往，此刻的萬金大教堂是否正處在一個最好的時代？一百多年前水火不容的族群紛爭，今日已成為一個難以想像的過去式。而被萬金聖母聖殿奉為堂區主保的聖母，除了繼續撫慰當地子民外，更曾兩度全臺繞境。據說當萬金聖母來到台南府城時，凡所經之廟宇皆在殿前擺上供桌，迎接聖母蒞臨，更堅持聖母不必還禮。一個半世紀前來到萬金的傳教士，若在天國有知，且不論世人是否皆已蒙聖恩，但至少對異教之間能互相敬重，待之以禮，當額手稱慶。他們或許從未料到，這座歷經困頓，幾度重生的教堂，今日已被定為古蹟，受官方保護。更在一九八四年被教宗聖若望保祿二世敕封為「宗座聖殿」，成為台灣天主教會最重要的朝聖地，繼續在人間為追尋永恆真愛作見證。

**彌撒一景**

萬金大教堂的主日彌撒總是全家出動，整座教堂隨處可見到老、中、青三代人共聚一堂。

**萬金大教堂彌撒**

萬金教友的生老病死幾乎都遇教堂有關，新生兒受洗，成年人婚配，老年生病接受祝福，甚至最後的殯葬都在教堂舉行。信友在彌撒禮儀中與上主合而為一。

# 永恆的萬金大教堂

子夜時分，銀黃的月亮自大武山後升起，星子都被皎潔的月色所掩蓋。就在萬金大教堂後方有座隱修院，裡面的修女終身以祈禱為職志，過著簡樸刻苦的生活[14]，只要踏入外人眼中的禁地，若無特殊緣由，她們終其一生不再踏出院門。順著隱修院旁月光照亮的小徑，穿過鄰近的沿山公路，就可來到排灣族聖山——大武山腳下。順著蜿蜒道路而上，沿途除了可遠眺整個大高屏地區、小琉球，更可一覽大武山的雄姿。每當大雨過後，自山頂傾瀉而下的瀑布如銀絲帶般地飄逸在崇山峻嶺間，美得令人屏息。

站在大教堂靜謐廣場上，回首萬金所經歷的點點滴滴，我真想與任何一位長眠在萬金墓園裡的老傳教士聊聊：您年紀輕輕就抱著一個唐吉訶德式的夢想，遠至天之一方傳播福音，就連身後也長眠於異域他鄉。百年來，所有萬金在外生活的教友身後都盡可能落葉歸根，安息在教堂墓園，與您一起期待肉身的復活與永恆的生命。而在一個無遠弗屆的後網路時代，如天上有知，您當年所宣揚的天國救恩信念，是否依舊沒有改變？人間千年，天上一日。我在凡世這頭藉著萬金大教堂一張快化成粉塵的老照片，思索著時空的的變化與人生的抉擇……

**萬金聖山墓園**

大武山下的萬金墓園堪稱萬金村奇觀，墓園裡的逝者除了沒有被遺忘，更期待一個不再死亡的永恆生命。下圖為道明會玫瑰會省會士在聖山墓園的骨灰塔。

14 天主教道明會天主之母隱修院。

我想起目前在萬金大教堂服務的李漢民神父。他往往前腳進門，氣未稍喘，教友一通電話，就趕往喪家，甚至夜夜陪他們祈禱直到親人入土。我也想到，退伍後就在教堂擔任祕書的潘世華弟兄，數十年如一日、任勞任怨服務萬金的教友。幾位老西班牙傳教士的遺骨據說當年還是由他清理入甕。現任教堂傳協會會長潘順興更讓我印象深刻，在工作一天後，他仍每晚到教堂，默默地在漆黑廣場上，檢視哪塊磚鬆了，何處需要補強，垂詢有誰需要幫助？支持他們如此奉獻盡責的信念是什麼？每當我在萬金思索這些問題，不免陷入困頓時，就會想起世華，懇請他放下手邊工作，殷切地對他說：「老弟，陪我去喝杯咖啡，咱們聊聊吧！」

**潘順興先生**

潘順興先生的正職是焊接工，工作已夠繁忙的他，夜夜到教堂巡視，就連大教堂燈泡壞掉，都親自爬高梯替換。順興從不與人闡述信仰的道理，他的行動卻讓人深刻體會，信仰在他身上所展現的力量。

**李漢民神父**

修道人有份外人難以明瞭的召喚。萬金村每當有教友過世，教堂都會響起哀悼慢鐘，萬金的神父們，這期間都會與教友到喪家祈禱，直到逝者入土。天國不好解釋，然而萬金神父們卻以身作則，安慰生者與對天國的保證。圖為李漢民神父在喪家祈禱。

**萬金大教堂一景**

萬金大教堂於晚間舉行的平日彌撒就要開始，漆黑的教堂燈火一一點燃。日復一日，年復一年，無論世間是如何隱晦不明？在那一個敬禮紀念主基督最後晚餐的禮儀中，人們總會找到存在的意義與生命的信心。

**彌撒輔祭**

感恩祭典又要開始了，彌撒輔祭小童在大教堂前就位，進行這千百年與上蒼共融的傳統。

萬金聖

入夜的萬金大教堂

# 卷二

# 掌心琉璃

## ——佳平大教堂及其他原民教堂——

PART 2

佳平大教堂是台灣原民部落的第一座教堂，其部落舊名即排灣族語「手掌心」之意。教堂的入口大門以黃銅手工打造，以「聖母領報」為主題。浮雕中，報訊天使變身成小喜鵲，聖母以掌心捧著小鳥接受喜訊，喜悅的畫面亦充滿文化交融的意涵。

佳平天主堂的天花板上，懸掛著一顆顆象徵琉璃珠的五彩圓燈。基督苦像背後的燈管會隨著不同的禮儀時序，呈現出綠、紅、藍、粉紅等不同色彩變化。佳平天主堂的天花板裝飾，在台灣的教堂或許不算絕後，但絕對是空前。

你可以用各種好惡鮮明的言詞來形容佳平天主堂，這座色彩繽紛的教堂在燈光的烘托下猶如夢境般的不真實。上帝是什麼樣子？沒人知道。這座信仰源自萬金大教堂的聖堂，雖在空間距離上如此相近，卻在大武山下走出了自己的步伐。

散布在萬金及周遭的天主教堂，陪伴著平埔及排灣族人歷經劫難。教會是他們精神上的唯一寄託，更是他們日常生活的重心所在。當改頭換面，徹底融入原民傳統文化的新教堂一一出現，代表著島上久屈人下、真正最早的原住民，正逐漸獲得了新生！

## 咫尺天涯——從萬金到佳平

西班牙傳教士十九世紀末到萬金，但直到二十世紀中葉才得以進入兩公里外的大武山排灣族佳平部落傳教。咫尺距離竟花了近百年光陰！

大武山是排灣族的原始棲居地。或許是因為水源充沛，南大武山腳延伸至海濱的平原，陸續又吸引了多個族群在此墾居。除了很早漢化的平埔族，還有內地來的福佬及客家移民，就連上個世紀五〇年代撤自大陳島的義胞，也在沿山公路往枋寮方向的玉環村定居了下來。晚近移入的新住民使大萬金地區儼然成了台灣各種族族群薈萃的中心。

就以萬金大教堂所屬的萬巒鄉為例：以豬腳美食出名的萬巒街區是客家人的聚落，著名的鍾家祠堂就座落在鎮上。由此往萬金途中，還會經過幾處非常整潔又漂亮的典型客家小村：三溝水、四溝水。至於相當注重教育、大名鼎鼎的五溝水就在萬金正前

位於泰武鄉佳平村的佳平法蒂瑪聖母堂，是台灣原住民聚落的第一座天主教堂。而圖中這座於2018年於舊堂對面落成啟用的新堂，將西方天主教教義與排灣族神話合而為一，具體呈現在它的內外觀上，是台灣原鄉部落中最壯觀的天主教堂。

天主教
佳平法蒂瑪聖母

兩公里處。緊鄰萬金村，僅隔著一條沿山公路的大武山上，則遍布排灣族人的部落，其中又以佳平部落離萬金最近。然而於多個族群之間，昔日卻長期存在著剪不斷、理還亂的糾結。

就以一個流傳於當地的風俗現象為例：緊鄰萬金、同為平埔族後代的赤山村人瞧不起萬金人。而離兩村不遠、佳佐小鎮上的閩南人又瞧不起這兩村的人。五溝水等客家聚落，則對上述幾個聚落全不放在眼裡。至於在地最原始的排灣族，舊時被視為生番，更被所有人踩在腳底下。大武山下各村落百姓每提及過往，總自認為是受鄰村欺凌的受害者。例如某村某人因一隻雞而賠了一塊地；一頭走失的牛引起了兩村的血拚；一紙畫押竟讓某村某人田產盡失。這被添油加醋的過往，繪聲繪影地流傳在閩客、平埔族之間。若再讓排灣族來現身說法，只怕是更讓人困惑了。

居於弱勢的排灣族，在外來政權及強勢文化擠壓下，實際上是受害最深的一群。一個多世紀前的大清帝國視他們為未教化的生番，嚴禁漢番往來。日據時代，殖民政府除了不許平地百姓擅自入山，更對曾激烈反抗的原民嚴加控管，所有歲時祭儀及生命禮俗活動一概禁止。甚至從教育著手，徹底改變其傳統文化。國民政府遷台，雖未嚴加禁止傳統活動，卻也持不鼓勵的態度。隨著社會經濟日漸發展，位居山林偏鄉的原住民益形弱勢。

一八六一年就來到萬金的郭德剛神父，曾在一八八六年嘗試進入深山裡的舊佳平部落傳教，由於言語不通，鎩羽而歸。爾後如有傳教士違反禁令擅入番界，更引起當地官員的憤怒而被大加喝斥。

日據時代，萬金外籍傳教士被集中看管，除了無法四處傳教，近在眼前的大武山也不得隨意進入。而排灣族人偶爾下至平地以物易物時，亦皆受嚴格集中控管。國民

佳平大教堂的鐘樓與復刻自金果祿頭目家的祖靈柱，彰顯了原住民神話與天主教教義結合的企圖。

右上是金果祿頭目家屋裡以男性為題的祖靈柱（復刻品）。原作收藏於中央研究院民族學博物館。佳平大教堂前的祖靈柱，表明佳平部落歸依天主教的信仰。

右下是金果祿頭目家屋裡以女性為題的祖靈柱（復刻品），高約一百七十公分，是台灣罕見的四面雕刻。原作收藏於台灣大學。

政府遷台後管制較鬆，佳平部落原民每回來到山下，有時會到萬金天主堂前的廣場休息。源自外邦的天主教信仰終於能進入佳平部落，就從一次大教堂前的邂逅開始。

## 聖堂前的邂逅

這一段因緣的細節有不同的說法，但主要情節卻都大同小異。一九五〇年（民國三十九年）台灣剛光復不久，百姓物資缺乏、生活困苦。山地原住民常肩負木柴到山下換取米、鹽，暇時就在教堂廣場上或抽菸，或嚼食檳榔，或蹲在地上休息。萬金傳道員潘伏求的夫人——畢業自台北靜修女中的潘林環涼女士日語流利，很早就想向原民傳播信仰卻苦無機會。某日，一位頭戴花冠的原民婦女抱著小女兒坐在聖堂門口，潘林女士特以日語向她問好，且誇讚小女孩可愛。就在潘林女士觸摸小女孩面頰時，發現孩子發著高燒且呼吸急促。當她提醒陌生婦人小孩可能生病時，坐在地上的婦人開始面露愁容，卻不知如何是好。潘林女士極力安慰不安的母親，說這是平地人所說的「出麻仔」（即麻疹），她會立刻延請醫生來看看。

一個星期後的主日天（即禮拜天），潘林女士的傳道宿舍門前，突然來了一對頭戴羽毛及花冠的原住民夫婦。他們牽著上次那位小女孩並帶著微薄的禮物。潘林女士立刻明白孩子病體已痊癒，父母特地前來答謝了。談話間，潘林女士得知這小女孩的母親竟是佳平部落排灣族頭目的劉春美女士。潘林女士客氣地說，是天主救了孩子，並不是她的功勞。

或許是心靈的感召，劉春美女士因此接受了天主教信仰。後來更冒著被控背棄傳統的壓力，開始積極向部落族人廣為傳播福音，並經常帶領族人下到萬金教堂參加彌撒及聽道理。據老一輩教友回憶，當年他們為了參加主日彌撒，必須在凌晨四點，舉著火把自遷徙前的舊部落下山。抵達萬金天主堂時已是上午九點。除了自備早午餐，彌撒完畢回到部落時，大多已是黃昏了。萬金的道明會玫瑰會省會士，後來也在劉女士的帶領下，開始翻山越嶺去到各部落一一開教。劉女士更捐出了自家一塊地來興建教堂。一九五三年十二月八日聖母無染原罪日，佳平天主教堂落成啟用這天，劉春美女士帶領著自己和其他部落的數百位族人同時受洗。這成為台灣天主教史上，同時最多人領洗的一天。空前盛況，竟還上了當時的國際媒體。

此後，佳平天主教堂不僅成為台灣原住民社會第一座天主教聖堂，更漸發展成整個大高屏地區天主教原住民的精神中心。今天占大高屏地區天主教徒四分之一人數的原住民，就多源自當年佳平及其他各排灣族部落的後代。至於劉女士日後為維護這信仰，更經歷了常人難以忍受的煎熬。這是後話。

萬金天主堂前廣場的一場邂逅，讓源自外邦的天主教信仰終能進入台灣的原民部落。

歡迎
天主堂
教堂落成典礼暨首次集團領洗攝影留念 1953.12.8

# 佳平法蒂瑪聖母堂

佳平部落舊名「卡比樣」，排灣族語為「手掌心」之意。部落原居北大武山西麓的深處。日本殖民時代，為擔心已歸順的原住民再度反抗，硬將他們自地勢平坦的「卡比樣」往下遷徙，以便就近監視。由於新址地質不穩，經常有土石流發生，整個部落於一九五三年再度遷徙到現址。

排灣族階級分明，擁有自己的神話與傳統。就像所有台灣原住民族群一樣，排灣族在近代歷史發展中也飽受擠壓。前清時，基本採隔離與放任政策。「牡丹社事件」令與世隔絕的原民硬被擠上了近代歷史舞台。「絕對服從」或「絕對死亡」是日本對原住民的決策。「同化政策」更嚴重扼殺部落的傳統。在排灣文化已近滅絕、族人自尊與自信幾被摧毀殆盡時，源自萬金的外方人信仰，為這奄奄一息的族群注入了精神的活水。

**1953年佳平天主堂領洗紀念**

1953 年 12 月 8 號的聖母無染原罪日，是個值得紀念的日子。與萬金大教堂隔著一條沿山公路的佳平教堂於該年今日落成啟用。一座新建立的山上教堂，無意開啟了另一個如史詩般的生命故事。（道明會玫瑰會省提供）

佳平天主堂的基督像並不是被被釘在木架上，而是懸吊在天花板下。超脫十字架束縛的基督有掙脫死亡、迎接復活的旨趣。

佳平天主堂的十字架是古典與現代，抽象與具象的結合。

天使之柱與石板屋頂，構成佳平天主堂祭台的主基調。祭台後的彩色玻璃是以領洗、堅振、聖體、懺悔、傅油、聖秩、婚姻等七件天主教聖事為主題設計。整個祭台空間因這些彩色玻璃顯得繽紛且熱鬧非凡。

INRI

一九五三年建成的佳平天主教堂是以葡萄牙法蒂瑪聖母來命名，稱為「法蒂瑪聖母堂」。有兩千多年歷史的羅馬天主教，近代有兩個最著名的聖母顯靈奇蹟，分別是一八五八年發生在法國南部的露德及一九一七年發生於葡萄牙法蒂瑪的聖母顯靈。羅馬天主教對奇蹟的認定素來嚴格謹慎。或許是由於信徒虔誠祈禱與熱切盼望，梵蒂岡在法蒂瑪聖母顯靈還不到半世紀的一九五三年，就認定一九一七年的奇蹟為可信。消息傳來，甫落成的佳平天主堂就以法蒂瑪聖母為新堂主保。這座教堂當時是整個大武山區最現代、醒目的一座建築。庭園裡的水塘、聖母山、涼亭，都是當年部落教友最喜歡流連之處。

隨著時間流逝、教友增加，原有聖堂日顯老舊與狹小，二〇一四年五月，佳平又開始規劃修建新的聖堂。新堂與舊堂僅一街之隔，歷時四年完工。遠較舊堂醒目的新教堂，老遠望去，已成為佳平部落的新地標。

一九六〇年，梵二大公會議召開前，天主教禮儀仍以一般人不懂的拉丁文進行。大公會議後，除了不再以拉丁文舉行彌撒，更開始鼓勵信仰本土化。新穎別緻的佳平教堂內外形式風格雜揉，卻清楚展現排灣族人已將自己的傳統信仰，充分融入了外來的宗教中。這不是類型的本土化詮釋就可概而論之！而是排灣族人深受壓抑的自信與自尊，透過教堂整體建築與裝飾，再度坦然無懼的向世人展現。

佳平天主教堂內外觀，在形式風格上與其他著名的教堂建築相較，或未臻成熟甚至有可議之處，但若能以文化同理心深入觀察與理解，卻可看出其可貴與不凡之處。

西方大教堂從早期的羅馬、哥德式一路來到文藝復興、巴洛克、洛可可風格，在內外觀形式上一脈相傳，有跡可尋。任何時期的教堂裝飾多與當時的社會氛圍相呼應。例如十九世紀的歐洲教堂，因社會劇變，宗教藝術式微，竟又把前述幾種風格借屍還

祭台上的石板屋頂下，垂掛了以聖人為題的彩色玻璃片。象徵苦難與救贖的十字架，在天使及繽紛五彩的彩色玻璃環繞下，不再有苦難的氣息。

祭台上石板屋頂下是以聖父、聖子、聖神三位一體意象做成的圖案。最上方的彩色玻璃片則是以天主教聖人為題的頭像。佳平天主堂每一個裝飾都傳達著一個寓意訊息。

位於祭台右側牆面的石板浮雕，刻劃出了西班牙道明會玫瑰會省的傳教士與排灣族的相遇。浮雕十字架右邊為前清到萬金開教的郭德剛神父。左方為原住民頭目。在他們下面尺寸較小的人物分別為昔日萬金大教堂的包德良神父及排灣族頭目劉春美女士。這場相遇，西方傳教士帶來了酒、糖、鹽、牛奶等禮物，排灣族帶來的則是野鳳梨、山豬肉、檳榔及魚。

向上帝傾吐心事的告解隔間，竟也是如此色彩繽紛。理當嚴肅的空間，仍有一絲溫柔的輕鬆。

佳平大教堂的法蒂瑪聖母像，身上的衣服全都是部落裡的女教友一針一線製作而成，手工極為繁複細膩，將排灣族的織品工藝發揮到極致。聖母頭上的白色羽毛是取自雄鷹腹部的羽絨，象徵聖母的慈愛。

魂、雜碎般地再重新搬演一遍。直到二十世紀二次世界大戰結束後，西歐教堂才有了全新的風格與形式出現。法國建築泰斗柯比意所設計的廊香教堂及拉圖雷特修道院，就是非常典型的代表。

主體龐大的佳平法蒂瑪聖母堂從外觀一眼望去，還真無法判別這究竟屬於何種建築風格。教堂階梯兩邊的排灣祖靈柱，洋溢著濃厚的異教色彩。拾級而上，階梯正中央立著一尊仿自西班牙巴洛克畫家巴托洛梅．埃斯特班．穆里羅（Bartolomé Esteban Murillo1617-1682）〈聖母升天〉畫作的白色大理石雕像。教堂屋簷下，正面山牆以馬賽克鑲拼出法蒂瑪聖母於三位牧童前顯靈的景象，其兩旁各置聖保祿及聖彼得兩尊雕像。山牆下正面入口大門以黃銅打造，兩側各有一座天使降臨其上的觸動式噴泉。

黃色的屋頂圍欄、紫色的十字架、白色的聖母雕像襯以原住民的黑灰石板，大教堂正面簡直就是幅巨大的五彩拼貼。若說教堂正面已令人驚嘆，教堂內部更是奇觀！尤其是室內所有燈光齊亮時，幾乎是一齣教堂版《歌劇魅影》的大舞台。

然而，內牆面上的排灣族浮雕，祭台下以佳平手掌心意象雕琢的大石塊，和圍繞在祭台周圍、以天使為主題的巨型木雕配以石板形式的天蓬，又在在強調這是座道道地地排灣族人的聖殿。

如夢似幻的佳平天主堂主堂，以八盞大吊燈及密布其間的琉璃珠，呈現出排灣神話與天主教信仰合一主題。像所有民族一樣，排灣族神話中，也曾有可直接上達天聽與祖靈聯繫的「通天之柱」。然而，這柱子有天倒了，排灣族人與祖靈斷了聯繫，祖靈不忍與後生斷線，乃從天降下琉璃珠，供子民隨身配掛，好繼續受到祖靈的庇護與祝福。根據這意念，教堂主事者將昔日傳說中的通天之柱比附於《新約瑪竇福音》的

佳平大教堂的入口大門是以黃銅製作，手工打造，以「聖母領報」為主題。浮雕中，天父化為慈祥長者，報訊天使變成一隻小喜鵲。聖母手捧小鳥，接受喜訊，畫面洋溢著甜美喜悅的氣氛。

佳平大教堂所有裝飾細節都不馬虎，譬如在祭台下，象徵手掌心的大石刻一角，就有個非常迷你的聖家小雕像。象徵這有數千年歷史的信仰，是從瑪麗亞、聖若瑟及小耶穌這一個聖家開始。

「真福八端」，更進一步將其化為八盞巨型的吊燈，象徵與祖靈聯繫的新通天柱：

「神貧的人是有福的，因為天國是他們的。
哀慟的人是有福的，因為他們要受安慰。
溫良的人是有福的，因為他們要承受土地。
飢渴慕義的人是有福的，因為他們要得飽飫。
憐憫人的人是有福的，因為他們要受憐憫。
心裡潔淨的人是有福的，因為他們要看見天主。
締造和平的人是有福的，因為他們要稱為天主的子女。
為義而受迫害的人是有福的，因為天國是他們的。」
《瑪竇福音》第五章，第三到第十節。

有了「真福八端」這新通天柱，族民不必再仰賴身上的琉璃珠與祖靈聯繫而可直接上達天聽。為此，教堂天花板下一顆顆象徵滯留在人間琉璃珠的玻璃圓燈，又因此飄回天上。這組結合排灣族神話及天主教教義的設計甚為精彩，就連十字架上的基督，在繽紛熱鬧氛圍中，好似也不再哀傷，而有種等待復活的期盼。

教堂是禮敬上帝的場所，歐陸中古大教堂內外，布滿富有想像的繁複裝飾，刻意予信徒一種天上人間的錯覺。二十世紀中葉後的教堂則造型極簡，有的更以盒狀空間呈現。例如柯比意位於法國里昂近郊的拉圖雷特修道院主堂，除了水泥牆面幾乎沒有任何裝飾。在建築師眼裡，現代人需要安靜，心靈才是上帝的殿堂。然而，這套理論完全不適用在生性活潑，喜歡歌唱舞蹈的排灣原住民身上。

山形牆以法蒂瑪聖母向三小童顯現為題製作的馬賽克。中上方環形圖案的文字內容是，鼓勵人們多祈禱、唸玫瑰經光榮天主，讓世界得到平安，戰爭消失。

聖體櫃背部以摩西在烈火荊棘中見到上帝為主題。摩西一看到荊棘中的烈火，棍杖也丟了，鞋子也散落一旁，因為上帝清楚的告訴摩西：「脱下你腳上的鞋，因為你所站的地方是聖地。」在彩色玻璃光芒照射下，富有寓意的聖體櫃，竟如荊棘之火般的光彩奪目！

無聲不歌、無舞不動。來自原野山林的原住民一直保有自然的活力，就是身處逆境也從不悲情。講求寧靜簡約的西方現代教堂與生性活潑的原住民性格不合拍，佳平大教堂的慶典彌撒簡直是一場充滿生命活力的盛會、一個永誌不忘的喜樂經典。不愧是原鄉部落第一座天主教堂，每逢大瞻禮舉行時，教堂裡擠滿了來自大武山個部落的天主子民。

二〇二〇年八月一日法定原住民日這天，佳平法蒂瑪聖母堂內外，擠滿了來自大武山地區各部落上千名的老、中、青原住民教友。所有人穿著漂亮的傳統服飾，在慶典彌撒中手舞足蹈，大聲歡呼：「我是原住民，我驕傲！」。在基督與聖母像前，他們唱出失落已久的自尊與自信，那發自肺腑的心聲，讓與他們全無血緣關係的外地人也感同身受，感動非凡。

在彌撒奉獻禮時，各村代表為表達族人對上蒼的感謝，在花童載歌載舞的前導下，各自扛著色彩繽紛飽滿的小米、香蕉、藜麥、芋頭，誠心獻上來自家鄉土地的收成。豐饒的奉獻讓曾嘗盡心酸的排灣族民，從哀慟絕望中贖回自己的身分。天上人間，終有一天他們都要在主內與祖靈重逢。

作為排灣族第一位接受天主教的劉春美頭目，當年對族人及長老宣稱：「我找到了一個新的信仰，它與我們原先的信仰沒有抵觸，不會違背我們昔日的信仰宗旨，我們要全部改信天主教。」這話在當時顯然是駭人聽聞！然而，今天在佳平天主堂內處處可見排灣原民的神話圖騰，就連座椅上都刻著族人祖父母、父母、孩童的圖像。劉春美女士顯然是一位先知！

整個排灣族人在天主教傳入七十年後，能以這樣的面貌在世人面前展現其對自身傳統信仰的傳承與文化的認同，背後有位重要的推手不能不提。他不僅是佳平大教堂新堂的設計者，更是將早期傳教士在大武山所建一系列帶有殖民歐風的教堂，開始逐漸改換成十足原民風貌的運籌帷幄者。與佳平、萬金相去不遠的武潭、吾拉魯滋與馬仕天主堂就是其代表作。在繼續探索這幾座教堂前，且讓我從個人一段切身經歷，來介紹這位在我心目中有如梟雄般的人物。

佳平大教堂大禮彌撒的奉獻禮，來自大武山各鄉的代表們扛上來自家鄉的收成，奉獻給上主。香蕉、芋頭、小米、蕃薯各個碩大豐美，完美無瑕。感謝上主賜與好天氣與環境，讓萬物得以滋長、茁壯，讓辛勤工作的人享受收穫的美好回報。

中古歐洲雖在天主教信仰下，但對於外邦人，卻懷有歧見。而原居山林的排灣族群，十九世紀下半被捲入近代歷史舞台，同樣遭到嚴重的歧視與誤解。然而此時此刻佳平天主裡的男女老少，在天主眼裡，卻個個都有高貴、無可取代的靈魂。

# 設計教堂的藝術怪咖——杜勇雄神父

有天，我帶幾位朋友來佳平天主堂參觀。一位戴著護目鏡的電工正在教堂裡工作，肆無忌憚的發出巨響。我一邊導覽，卻又十足不解，究竟是誰敢這樣明目張膽的破壞教堂該有的寧靜？「長話短說！」我邊說邊走向這旁若無人的電工，「教堂設計者是位有藝術才情的怪咖！」這身著工作服的人士，突然摘下護目鏡與我四目相向，原來他就是教堂設計者杜勇雄神父！我擔心他是否聽到我剛對他下的評論時，他卻放下工作，為我們開啟了教堂內所有的燈光，讓大夥盡情欣賞。

杜勇雄神父是魯凱族人，出生於屏東霧台鄉，二十六歲時便被祝聖為神父，曾留學義大利，取得管理學碩士學位。他剛過知命之年，在台灣天主教會中正屬大有可為的青壯派。除了行事風格果斷，杜神父對原住民文化相當熟悉與執著。此外，他的藝術才情極高，建築、繪畫、雕刻、刺繡、縫紉、音樂……樣樣皆無師自通。佳平大教堂的修建規劃，全由杜神父主導，某些裝飾更由他親手完成。

眾多杜神父經手的作品，最醒目的就是祭台四周的天使之柱。這比一個人還高出許多的木柱，全是杜神父站在梯子上手持電鋸，一刀一刀雕刻出來。原本這幾根柱子是委託給山上一位專業師傅製作，然而，教堂開幕日期日益迫近，受託師傅那兒卻連個影子都沒有。杜神父二話不說，乾脆自己動手，連草圖都未畫地直接著手雕刻。除了這四根柱子，教堂讀經台也出自杜神父之手。這座以印度石刻成的讀經台，以《聖經》耶穌十二歲講道為題，造型樸拙有趣。或許是未經過學院派的訓練，杜神父在他的創作世界裡隨性發揮，渾然天成。就像文藝復興時期教皇朱利亞二世與米開朗基羅，

杜勇雄神父無師自通，他以《新約聖經》中耶穌十二歲講道為題，用印度石材雕刻出這個拙趣十足的讀經台。

杜神父設計了佳平大教堂的內外觀，更規劃吾拉魯滋、馬仕、武潭幾座教堂的興建與重修。屏東大武山的一系列教堂，在他的籌劃運作下，有了新的面貌與生命。

佳平大教堂內外佈置充滿了宗教意涵，居高臨下的祭台在天使之柱的環繞下顯得氣派而莊嚴。

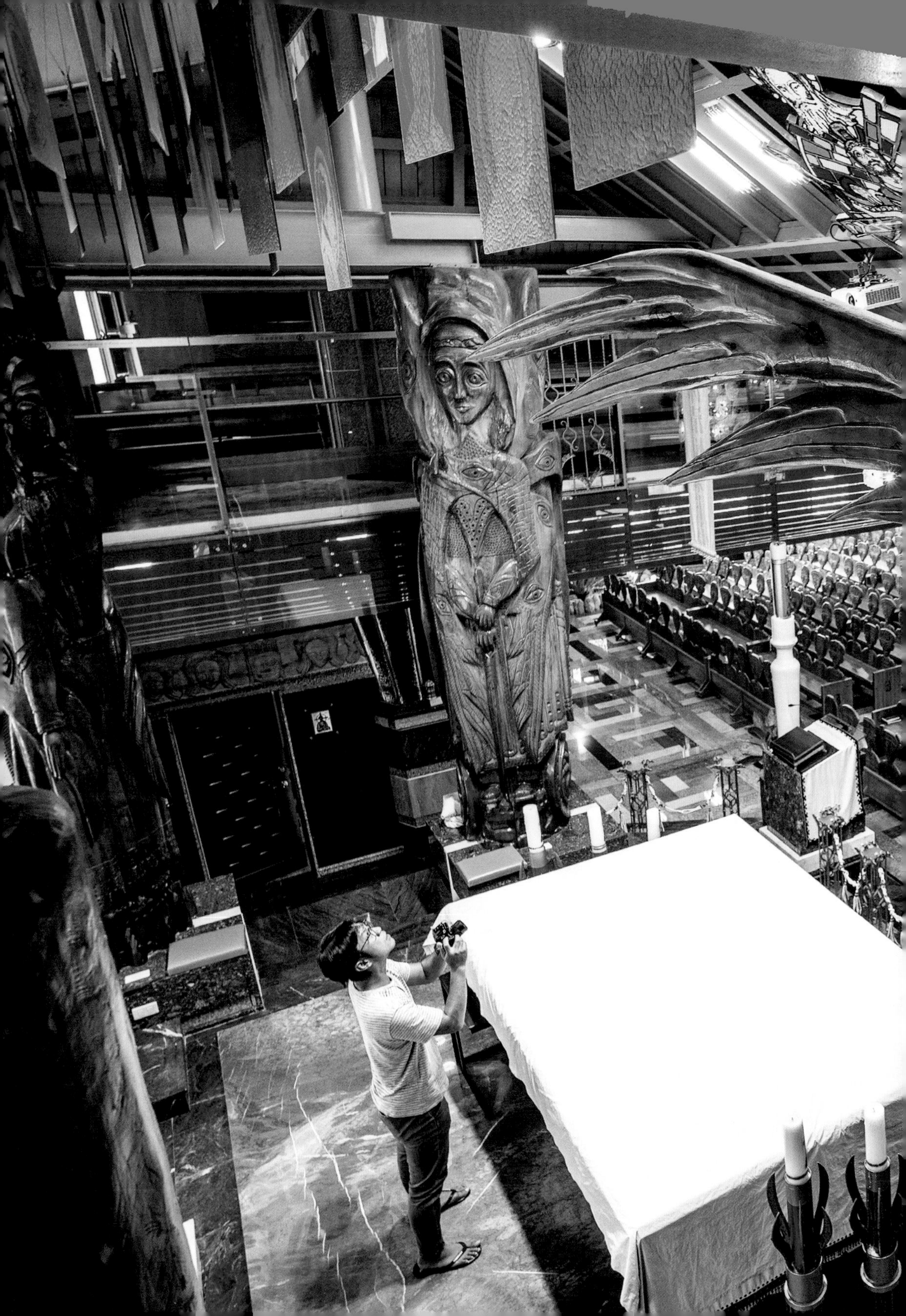

佳平大教堂祭台是彌撒聖祭舉行的地方，是教堂中最神聖的部分。這一處有聖體櫃、天使及彩色玻璃環繞的區域，將佳平教堂神聖的氛圍帶至最高潮。

祭台正後方是恭奉基督麵餅的聖體櫃，後面的彩色玻璃則以天主教的七件聖事為題，其上更有以排灣族圖騰製作的編織。
佳平大教堂的聖體櫃是從舊教堂搬過來的。聖體櫃正面以「羔羊的封印」為題。如同牧羊人為自己的羊群打上封印，以辨認這是自家的羊群；天主教教義，信徒也要有類似「羔羊的封印」才得以進入天國。

杜神父的老闆——高雄教區的劉振忠主教全然放手，讓杜勇雄神父盡情表現，而杜神父也的確不負所託。

除此之外，杜神父還以相當有限的預算，將佳平鄰近與萬巒鄉一路之隔——泰武鄉境內的馬仕、吾拉魯滋和武潭三個教堂，或新修、或改建。原本不接地氣的西方宗教建築，忽然注入了在地的文化泉源而獲得新生，間接成就了大武山一系列以教堂為主，豐盛的人文饗宴。

從霧台下行至三地門鄉，順沿山公路南行，隨處可見大小不一的教堂，事實上，整個泰武鄉境內每個部落，都有一或兩座教堂。以杜勇雄神父的事工為證，若好好規劃，篤定可以打造成一條台灣版的聖雅各朝聖之路[1]。豐富的人文內涵，及一座座襯以大武山的天然美景的教堂，將會是一段多麼生動而有趣，兼具知性與感性的旅程！

**杜神父雕刻的天使柱**

佳平大教堂的天使柱是由杜勇雄神父親自雕刻，取材自舊約「默示錄」曾提到的四位天使。這四者之中有墮入地獄的路齊法爾（Lucifer），因此杜神父以舊約「出谷紀」、摩西在荊棘中所見到的天使取代。

1 天使柱之一。這尊天使是為總領天使之首的聖米契爾（St. Michael）。相傳這位大天使將想潛越上帝位置的路齊法爾（撒旦）一劍揮進地獄。

2 天使柱之二。位於聖米契爾天使長之後的是舊約中，摩西在荊棘裡見到的天使。這位天使一手指天，一手指地，赤足站在火焰中。

3 天使柱之三。這尊吹著號角的天使是有領報者尊稱的加百列（St. Gabriel）大天使長。

4 天使柱之四。四大總領天使之一的聖拉法爾天使（St. Raphael）有醫治天使尊稱。據說這位天使是伊甸園生命之樹的守護者，祂不僅治療人的身體，還包括他們的信仰。

1 西班牙境內一條興起於中世紀，長達八百公里的朝聖之路。

3

1

4

2

佳平大教堂的牆面以排灣、魯凱族家鄉特有、用來蓋石板屋的頁岩鋪設，具冬暖夏涼效果。大教堂的柱子也以黑頁岩裝飾且做成百合花的造型。

佳平大教堂的天使柱是由杜勇雄神父親自雕刻。這尊天使是為總領天使之首的聖米契爾（St. Michael）。佳平大教堂的聖米契爾法相莊嚴，屏氣凝神地守護著向上主進行感恩獻禮的祭台。居高臨下的祭台在天使環繞下顯得神聖而莊嚴。

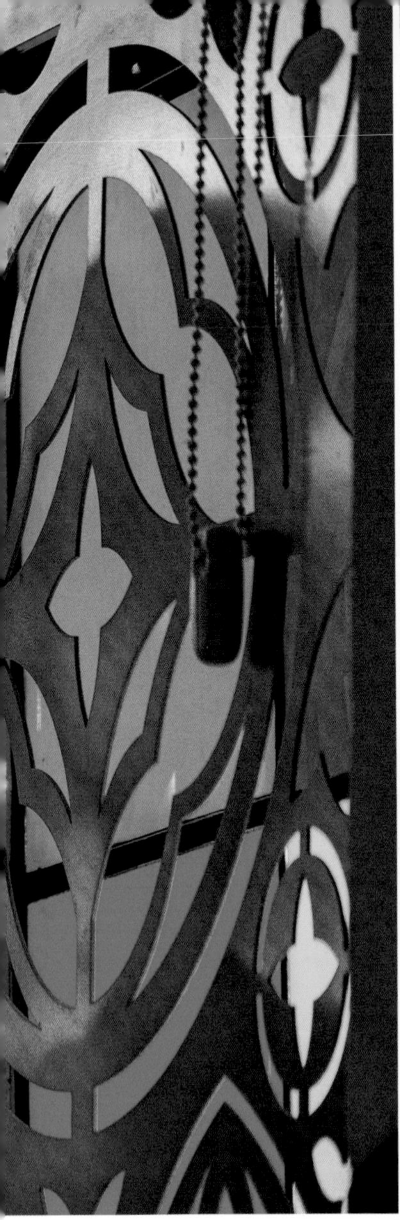

排灣族人很重視家庭，杜神父乾脆以祖父母、父母、小孩為題來設計教堂的椅背。有雙大眼睛、木愣愣表情的人像椅背甚是可愛，它讓人在望彌撒時也會想到自己的族人與親人。

佳平教堂的苦路（耶穌受難事件象徵物）安置於北面牆壁上，苦路木刻下為以排灣族圖案做的裝飾。十字架與排灣族圖案及苦路竟如此協調與和諧，有如一幅祥和的圖畫。

佳平大教堂獨立於教堂外的鐘樓由一條走道連結，鐘樓頂上為十字架及俯視眾生的聖母像。半個多世紀前，由西班牙傳教士傳入的西方信仰，在新穎的佳平大教堂有了新的生命與座標。

佳平大教堂北面外牆以羊群裝飾。《聖經》中，耶穌曾說，一個人有一百隻羊，有一隻走丟了，牧羊人想盡辦法把那隻走失的羊給找回來，象徵天主如何在乎迷失的人。整座佳平大教堂內外都是富有意象的裝飾，在某些方面，它幾乎是另一種版本的聖經。

# 馬仕天主堂

從佳平村下到平地，右轉過了萬金營區，馬仕部落就從右手邊的一條小路進去。馬仕部落因周遭長滿了名為Masi的這種草而得名。這個迷你部落前後共遷徙了八次，一九六三年最終遷到此處，全村兩百多人全是天主教徒。馬仕教堂本在部落中心，但由於教堂過小，每回大禮彌撒，有三分之二教徒只能坐在堂外，因而有了重建聖堂的念頭。

後來在村外覓地重建的「馬仕耶穌君王堂」於二〇一五年落成，新聖堂造型簡潔，外型有如一艘迎風而行的方舟；由於內部祭台後面是一大片落地窗，使得小教堂通體明亮。重新建造的教堂，所有經費來自村中教友的奉獻，在有限資源下，部落教友一如歐陸中世紀的信徒，在杜神父領導下，有錢出錢、有力出力，包括從山上採石板運下山，到綁鋼筋、灌模版，都由村民同心協力一起完成。

當硬體結構完成，在設計教堂內觀時，杜神父突發奇想，何不用原住民昔日結婚必備的大鐵鍋來做教堂的主燈。他請部落人將新買的鐵鍋燻黑，再倒吊在天花板下，即成為相當別緻的燈罩。此外，教堂鐘塔的「水晶」吊燈，則是由村民喝掉的

馬仕君王堂是一座新建立的教堂。美麗的小教堂位於馬仕部落外圍。迷你教堂彷彿一艘迎風而行的方舟。教堂鐘樓是村中最高的建築，燈光點燃時直如部落中的一盞明燈。

天主教
馬仕
耶穌君王堂

**馬仕教堂內觀**（由後往前）

馬仕君王堂內部通體明亮，它的背部不遠處就是山壁。杜神父在祭台後開了一座大落地窗，直接將室外的綠意引進來。教堂祭台是以樹石打造，有如樹根的紋理，更增添與自然連結意味。二戰期間，日本軍方曾在馬仕部落開鑿了幾個防禦用山洞，其中最大的一處就在教堂旁邊，美麗的小聖堂座落在昔日的軍事要塞旁，更顯得寓意深重。

一百五十三個酒瓶所組成。《聖經》記載，門徒西門見到耶穌就抱怨忙了一整夜卻一無所獲，耶穌要他再次下網，這回竟捕到了一百五十三條魚，連網都快撐破！由一百五十三個酒瓶做成的吊燈，就是象徵教友對天主要有信心。

馬仕教堂內部裝飾還有個有趣故事：祭台前的十字架，是杜神父運用族人從河川中撿來的漂流木所做成。杜神父刻意將其燻成黑色，未料當神父外出買個東西回來，這被精心燻黑的十字架，竟讓熱心的教友自作聰明地噴成了金色。無可奈何之下，神父也就將錯就錯；詼諧、即興甚至有點跳 Tone 的結果，反而令黃色基調為主的聖堂內觀更顯活潑與開朗，與原住民日常生活中激昂奮發的生命觀倒是非常地契合。

馬仕君王堂的水晶吊燈是個傑作。這個以一百五十三個酒瓶做成的吊燈，為小教堂增添了輕快活潑的靈動氣息；而且相當接地氣，因為他們全來自教友的收集。（下頁圖）從下往上端詳吊燈，鐵皮屋頂及天窗宛如自成一格的抽象圖畫。

靈巧的馬仕教堂是座燈屋。教堂入口上方是教堂的鐘樓，其下有以酒瓶做的水晶吊燈。杜神父以燻黑鐵鍋做成的教堂主照明燈，創意十足。

這是教堂被意外漆成金色的十字架，令杜神父哭笑不得。將錯就錯的十字架與馬仕君王堂活潑的調性倒是相當合拍。

馬仕君王堂的聖體櫃是從舊堂移來。聖體櫃十字架中央是橄欖枝。舊約《聖經》記載當大洪水退去後，若亞放鴿子去探信，鴿子銜回來一隻橄欖枝，代表洪水已退，上帝的懲罰已結束。橄欖枝除了有生命的延伸更有與上帝修好之意。

馬仕君王堂的耶穌君王雕像上方搭了一個茅草屋頂，透露出排灣部落教堂的特色。慶典之日，部落的教友會扛著前方另一尊較小的耶穌君王及聖母像全村遶境，把基督的平安喜樂帶到村中每一個角落。

聖母與耶穌君王一起出巡。她的手上還拿著大朵的玫瑰花，將平安喜樂賜給每一個信徒。

小尊的耶穌君王今天也坐上花椅，被抬著全村繞境。在嘹亮歌聲的詠唱下，耶穌君王被抬回教堂，信友獻上感恩與讚美的蠟燭。

馬仕天主堂是馬仕部落最重要的精神重鎮，在耶穌君王節這天，全村教友盡量從外地趕回，男女老少都來到教堂參加感恩慶典彌撒，這可是他們同心協力打造的聖堂。只要有教堂在，他們就永遠找得著通往心靈的路。

有人說信仰是個禮物，它未必能滿足實際生活所需，卻讓人有機會接觸到原本深不可及的內在。人只要有口氣在，就不能失掉信念。飽滿的內心或許比坐擁千萬財富卻惶惶終日要來得富裕與快樂。

馬仕天主堂耶穌君王節瞻禮，每一位陪同基督及聖母遊行的信友，入堂後人手一個小蠟燭；藉著這渺小光芒，他們將敞開心靈、誠心地向上主祈禱。

美麗的小女孩有什麼心願或心事呢？一個人若自小能有個與時俱進、開放的信仰，終生無論遇到什麼險境都將不至於迷途。

天主教信仰與其他基督宗派不同的地方是對聖母的崇敬，當年到此開教的西班牙道明會玫瑰省會士更是尊崇聖母，因而將這傳統也帶入了山地部落。姑且不論瑪莉亞是神或是人，以母子親情的人倫情感來比喻上帝與人的關係，給人一種安全與飽滿。

# 吾拉魯滋天主堂

繼續從馬仕部落出來，左轉上沿山公路，第一個紅綠燈右轉林蔭大道，吾拉魯滋社區就在右邊。有最美麗國小美譽的泰武國小對面就是聖堂。吾拉魯滋是泰武部落古名，光復以前經過兩次遷徙。一九六一年政府又將部落遷往杜馬拉安，也就是今日的舊泰武所在。二〇〇九年，八八風災重創舊泰武，族人只得再度遷村。經過多次覓地，最終選定在萬金村附近台糖所屬的「新赤農場」重建，與萬金、赤山、佳平、五溝水相鄰。新建的吾拉魯滋部落生活機能健全，除了有國小，教堂、村辦公室、派出所一應俱全。

舊泰武部落教堂於一九五三年由道明會玫瑰會省會士所建。吾拉魯滋的新聖堂於二〇一三年一月動土，隔年九月完工祝聖啟用，正式名稱是「吾拉魯滋聖維雅納堂」。由於籌建時間短促，吾拉魯滋教堂是先完成主體結構，再慢慢規劃細部的裝飾。雖然如此，教堂正面仍先做了一個以石板砌成的前軒，頂端的四腳亭為教堂鐘樓。這形似鞦韆架的鐘樓，非常有排灣文化色彩。此外，教堂大門左右，各雕有身著排灣族服飾的天使。這對有著濃眉大耳、十足排灣族勇士模樣的天使，雙眼炯炯有神，神情篤定

重建的吾拉魯滋教堂猶如這部落一頁遷徙史，歷劫重生的教堂象徵這部落堅強的生命與意志力。教堂正面以七層石板做成的前軒，在在陳明這是座排灣族的聖堂。

天主教
吾拉魯滋 聖維雅納堂

吾拉魯滋天主堂大門上以排灣勇士畫的天使像。有這對濃眉大眼，正氣凜然的排灣天使守護大門，世間所有邪魔歪道絕對不敢靠近。

泰武部落每座教堂前都有聖母像，吾拉魯滋教堂也不例外，聖母胸前的琉璃珠，表明她也是排灣族的聖母，族人在天上的母親。

吾拉魯滋天主教堂內觀中間，以茅草亭及祭台構成畫面主視覺。天花板上的兩排酒瓶為四平八穩的教堂增添了來自生活的生命力。

的護衛著教堂入口。再往外則是頭戴排灣族花冠、胸前垂掛著上下兩排琉璃珠的聖母態像。

吾拉魯滋教堂的內部裝飾，是由教友與杜勇雄神父一起商量打造，其中最醒目的就是祭台上方的「茅草」屋頂。昔日，排灣族總是在自家門前搭一座茅草屋，朋友來就在此抽菸、嚼檳榔、聊天。杜神父刻意在祭台上方設計了這樣一座「茅草」屋頂，寓意信徒就如日常生活般能在此與上主快樂談心。不過，祭台上的「茅草」屋頂其實不是以茅草編成，而是特別採自霧台兩千公尺以上高山，一種被視為國寶的稀有細竹。由石板疊成的祭台下方，是個龐大的玻璃水箱，象徵信仰猶如活水般生生不息。水箱本來有魚，但經過小朋友幾次幫忙洗刷，暫時寄養在家的魚，就都回不來了！置於天花板兩側的吊燈，棕色代表基督的寶血，透明瓶子則象徵祂以自己的寶血洗淨世人的罪。做成吊燈的幾百個瓶子，也都是由教友收集而來。白色的天花板，黝黑石板砌成的牆壁，除了有強烈對比效果，石板在夏天更有降溫的實用效果。

雖經歷了遷村的折磨，吾拉魯滋的教友對聖母卻大方得令人咋舌：教堂外聖母態像上的琉璃珠所費不菲，卻未作任何安全防護。我曾開玩笑的對聖母說：「賞我吧！」未料這串項鍊和堂內另一尊聖母胸前那串同樣珍貴的琉璃珠，有天竟然真的不翼而飛。誰拿走的？哪天請把這兩串項鍊再送回來吧！那可是部落信徒對聖母的虔誠心意啊。

排灣貴婦打扮的聖母像　入境隨俗，翻自西方的聖像在大武山下的原住民教堂裡都變做當地人打扮，具體表現了在地文化與羅馬公教會（天主教的正式稱謂）的合一企圖。

JHS

杜神父特意用族人喜歡談天聚會的茅草亭，覆蓋在祭台上，是希望來這望彌撒的人，能像在自家茅草亭，自在的與上主談心。教堂祭台座落在玻璃覆蓋的水池上，象徵信仰有如湧湧不絕的活泉。水池本來有小魚遨遊其間，然而小朋友每回在清洗水池時，將暫寄養在家的小魚永久保留。池子因此不再放魚。

天花板上的酒瓶象徵基督的寶血。或許也只有杜神父會拿酒瓶來做教堂裝飾。杜神父將教義的每一個比喻化成具象的裝飾，也為此，由他打造的教堂或許不按牌理出牌，卻具有獨特的生命力，既無從類比，更無法取代。

象徵將世人罪污洗淨的基督寶血酒瓶、排灣族的人形圖騰、苦路木刻及黑石板，天主教信仰在泰武鄉內化的如此徹底，更有了自己的語言。

整個大武山有數座天主教堂，像是別苗頭般的每座教堂都有自己的風格與故事。武潭天主堂廣場上的十字架，是以鐵皮剪出。在豔陽下是如此的亮麗耀眼。

# 武潭天主堂

武潭部落與佳平相鄰，從佳平村下來至沿山公路左轉，下一個紅綠燈再左轉上山就是武潭。原部落所在之地古稱「道塔他勒」。一九三四年其地基遭大雨沖塌，部落被迫遷徙至「阿布丹」（舊武潭），但由於腹地有限、交通不便，部落在一九五一年又遷至現址。

大概是風水寶地，武潭部落外圍盡是佛塔與寺廟，漂亮的「武潭無染原罪聖母堂」則非常醒目地矗立在部落的最高點上。教堂初建於一九六四年，二〇一三年一度重修，當前面貌則是二〇一六年二月再度改裝完成的。

馬仕、吾拉魯滋與武潭三個教堂，風格各有千秋，但整體藝術表現當數武潭最勝出。不同於馬仕與吾拉魯滋教堂為全新建物，武潭教堂是在舊堂基礎上改建而成的。原來教堂有重建打算時，教友分成兩派，村中老者基於對舊堂的情感，希望稍稍整修即可，年輕一輩卻希望整個打掉重來，僵持不下之際，杜神父出面了！他發現若全部重建，依照新建築法規，新堂建坪數將較原規模少掉六坪。若出以整修名義，就不會有這樣的問題，最後決定採整修策略。杜神父首先將舊堂天花板拆除，整座教堂因而

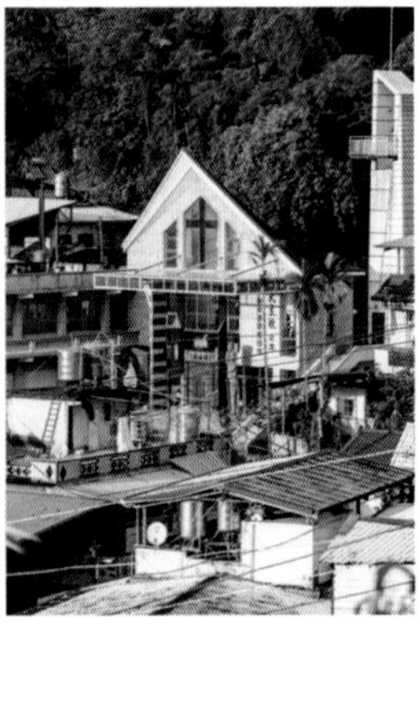

武潭天主堂是部落最高的建築，從太武山北麓往下行的產業道路上就可看見。可惜村落的電線過於凌亂，若這些電線能夠統一或埋入地下，這座聖堂從遠方看來會是多　漂亮！

武潭天主堂是從舊有的教堂改建而成。這座教堂應是新近以原住民元素興建教堂中，藝術成就最高的一座。大教堂入口右側的巨型木雕是手持寶劍的聖保祿。一個外地人，在群山部落漫遊，定會為偏僻的山上，竟會有這麼一座精緻的教堂感到訝異。更可見信仰在部落的重要地位。

天主教
武潭
無染原罪聖母堂
St. Paul

挑高。此外，他更順著主堂樑柱往外延伸、增添透明屋頂與類似牆面的窗戶，使得教堂內部變得寬敞。特別是當光線透過祭台後的三個大窗照射進來時，整座教堂內觀光彩奪目，原本左右對稱的格局也因此變得靈動爛漫。教堂粉紫色的天花板，更使得內觀洋溢著一股青春活潑氣息。紫色在天主教信仰中，有「痛苦、悔改和期待」之意，誇張的天花板顏色竟也傳達另類隱喻，可謂一舉數得。

天花板下，祭台上方最醒目的，就是垂掛於上、以基督面容為題的十字架。這以天然裂開木頭雕成的十字架，將基督為世人贖罪的苦難與掙扎，表現得淋漓盡致。依附在教堂十二根樑柱上的基督門徒雕像更是一絕。它們全由村內的雕刻師自由創作而成。原來，杜神父刻意將每根木頭交給不同的雕刻師傅。只附一紙書面說明，不附任何參考圖像，不識字的老師傅則請人代為簡單解說。他期望每位師傅以自我族人為原型，但憑直觀與想像，來雕刻這十二位門徒。雕像果然造型各異且生動有趣。這十二尊全憑想像刻出的雕像，最後皆以四十五度角依附在柱子上，使整個內觀更具凝聚力。

耶穌的十二個門徒撐起初期的教會基礎，這十二根以基督門徒為題的柱子，則撐起了整座武潭教堂。

當開始雕刻這些人像時，杜神父不斷給師傅打氣，怕刻壞，杜神父還特別多預備了幾塊大木頭做備料。未料，所有雕刻師一氣呵成。多出的木料後來就成為祭台上的

武潭天主堂正前聖保祿雕像。

大武山的每一座天主教堂前都會有聖母像。武潭天主堂的聖母像基台由杜神父雕刻，藉著「Ave Maria」、「聖母瑪莉亞」的字樣以玫瑰花貫穿。聖母背後為十二個星環。

STAGEA

武潭天主堂內觀相當漂亮。薰衣草色的屋頂、明亮而巨大的窗戶，富有寓意的裝飾和懸於屋頂下的吊燈，使武潭教堂有若一座晶瑩剔透的燈屋。

武潭天主堂入口處暗藏玄機，杜神父在這設計了一個可以閉合的領洗池，平常時日，只要將池子上的地板升起，依然可以噴水氣。信徒打這走過，有罪污被洗淨的隱喻。

武潭天主堂天花板下的十字架及地板上的祭台，構成了教堂中央主視覺。祭台後的三個大窗戶使這片嚴肅的區域顯得輕巧而靈動。

武潭教堂祭台頂端的十字架是以一塊有瑕疵的木頭雕刻的。據說當初接此任務的師傅相當不高興，直言如何以朽木創作？然而這有裂痕的十字架卻增加了它的藝術性，將基督藉由苦難讓世人獲得救贖的意義彰顯得更深刻。在十字架上面的三個主燈象徵「三位一體」。

世間信仰大多有得經歷苦難才得以救贖的教義。天主教教義更是在虛無及苦難中尋找積極出路。這尊俯視人間的基督，縱然面容愁苦卻充滿對世人的憐憫與鼓勵。

這座大理石祭台是杜神父在武潭天主教堂最壯闊的作品。高達九噸半的祭台由神父親自操刀，祭台正面左右各有一個「A」及「U」的字母，是希臘字母最先及最後一個字，意為開始與終結，象徵神是永恆的。祭台中間是基督扛著那隻迷途而被尋回的羔羊，象徵耶穌在乎人們的悔改，會想盡辦法把迷途的羊隻給找回來。龐大的祭台以厚實的金箔裝飾。

武壇天主堂的門徒雕像是杜神父請村內的雕刻師，以族人為原型所創作，造型各異且生動有趣。

**武潭天主堂的門徒木雕**

武潭天主堂依附在樑柱上、以聖宗徒為題雕刻的木雕是很有趣的創作。這些木雕任憑雕刻師傅自行想像，或許不是絕後卻是空前。

1 聖西滿

聖西滿相傳是在婚宴中看見基督將水變成酒，而跟隨了基督。西滿對政治非常熱衷，曾加入相當激進的黨派。相傳他最後在黎巴嫩殉道，被鋸成兩半。

2 聖安德烈

聖安德烈是基督的第一位門徒，在希臘殉道。聖安德列是聖彼得的弟弟，同樣是漁夫。為此雕刻家將他雕成手抓著魚的漁人模樣。

3 聖多瑪斯

聖多瑪斯起先不相信耶穌的復活，直到他親眼看到基督手上的傷口才相信。《聖經》對聖多瑪斯著墨不多，據說這位宗徒最後到了東方去傳教。

4 聖若望

聖若望是最親近耶穌的門徒之一。耶穌被釘十字架上時，他就在耶穌的腳下。耶穌更將自己的母親託付給若望照顧。若望晚年寫了「若望福音」及「若望一、二、三書」。他後來又將自己所見的異象寫成了「默示錄」。若望是最早跟隨耶穌卻也是最後一位離世的門徒。

5 聖斐理伯

《若望福音》中曾記載基督召喚聖斐理伯的經過。經上描寫耶穌只是輕喚：「跟隨我吧！」斐理伯就放下一切的隨基督而去。斐理伯最後是頭上腳下的被釘在十字架上，為福音殉道。

8 聖瑪竇

《四部福音》作者聖瑪竇本是稅吏，然而耶穌仍收他為徒，且直言，祂是來召喚罪人，而非義人悔改。這個有趣雕像把馬竇所需的算盤都雕出來，其中也包括他徵收來的糧食，是很有象徵寓意而非具象的人物創作。聖馬竇宗徒見證基督的復活與昇天。後來到依索匹亞傳道，在那殉道。

9 聖彼得

聖彼得應當是耶穌十二位門徒中最有名的一位。他是羅馬天主教會的首任教宗，遺骨就在今日羅馬聖彼得大教堂內。

10 聖馬提亞

十一位門徒位為遞補出賣耶穌乃自殺而死的猶達斯位置，他們選出了聖馬提亞。馬提亞後來出外傳教，到了今日的衣索匹亞，最後受石刑而死。

6 大雅各

大雅各是聖若望的胞兄，是第一位殉道的宗徒。據說他殉道時露出了極大的喜樂，連旁觀者都為之動容，甚至讓一位審判官自願與他受死。

7 巴多羅買

聖巴多羅買起初不相信救世主來自拿撒勒，他根本瞧不起這地方。然而他最後竟成為耶穌忠實的門徒。他後來到東方傳教，最後慘遭剝皮。武潭天主堂以被剝皮後的骷顱頭來表現這位宗徒。

小雅各與大雅各非親非故，由於他比大雅各年輕，長得又較矮小，而被稱為小雅各。他後來到埃及傳播福音，最後慘遭鋸刑，身首異處。

四張長椅。更有兩根成了另一組有趣的創作：那就是雕刻師們竟背著杜神父另刻了一尊背叛耶穌的猶達斯以及杜神父本尊雕像。這兩尊離題的雕像，放在教堂二樓一角。我戲謔地對神父說，這組互相對看的雕像，真是哥倆一對。

像佳平教堂一樣，杜神父在武潭教堂裡也施展了一番身手。其中最壯觀的就是重達九噸半、由他親自操刀的白色大理石祭台。為了雕刻這座祭台，神父嘔心瀝血，甚至曾被送到醫院急診而一度病危。原來神父工作時雖曾帶上口罩，卻仍吸入了過量粉塵導致肺部功能嚴重受損。

入夜時，漂亮的武潭天主堂從對面山上望過來，簡直就像荒野間一座如夢似幻的水晶燈屋。我不禁遐想，那在大武山中健走的旅人，經過長途跋涉，在夜幕低垂時，一眼望見這座教堂，將會是多麼的振奮與感動！

為武潭天主堂創作的師傅，以多出來的兩根木頭又雕了一個出賣基督的猶達斯及杜勇雄神父。為猶達斯立像即使在西方教堂也不多見！我開玩笑的對杜神父說這兩個雕像放一處簡直是對哥倆好。但或許太過敏感，這兩尊木刻放置在一般人較不易抵達的教堂二樓。

武潭天主堂的聖體櫃獨立成一間小室，信徒可在這與教堂稍做區隔的祈禱。聖體櫃以葡萄藤及葡萄為主題，花窗則以玫瑰蔓藤做裝飾，相當典雅靜謐。

入口聖水池闔上時是與教堂主堂地板連成一氣的玻璃地板。杜神父設計武潭教堂時，發揮了童心的想像力。他的創作也許不符傳統，卻締造了另一種生命力。

武潭教堂入口樑柱上被飾以象徵四部福音的雕塑，他們分別是象徵瑪竇福音的「人」，馬爾谷福音的「獅子」，路加福音的「牛」，及若望福音的「鷹」。他們也分別象徵尊貴、聰明、強壯與敏捷。武潭天主堂的裝飾狂野不失嚴肅，更重要的是它相當的接地氣，有自己獨到視野，活潑中袒露著自信與大氣。

## 交融後的新生

綿延無際的大武山，四季常青卻變化多端，往往清早陽光明媚，午後卻烏雲密布，一如無法預料的人生。散布在萬金及周遭的天主教堂，陪伴著平埔及排灣族人歷經劫難，度過多少天災人禍。教會是他們精神上的唯一寄託，更是他們日常生活的重心所在。當改頭換面，徹底融入原民傳統文化的新教堂一一出現，正代表著島上久屈人下、真正最早的原住民，正逐漸獲得了新生！

# 卷三 神人之間

一根小蠟燭，一朵鮮花，都不能表達生者對逝者的思念。
有人說，人因為看不透生死，而有了能安慰自我的宗教。
若沒有信仰，面對死亡的空白的與失落，人又該如何自處？

PART 3

三地門鄉天主堂初建於 1956 年。現今模樣源自 1989 年的重新整建。這座教堂當年由道明會玫瑰會省的蘇士郎神父到此開教。1959 年時，整個三地門鄉有五千人領洗成天主教徒，使這兒成為一個天主教重鎮。而今除了附設的醫院已廢院多時，照顧孤兒的「少女城」也於數年前關閉。就連在這服務半世紀的道明會傳教會的修女也於 2021 年底撤出，徒留一座極富原民風的教堂供後人憑弔。

堂

那些介於人神之間的掙扎，拓展了愛的深度與領域。
在重生和救贖交織的崎嶇人生路上，
除了帶給人自由，更讓人知覺生命是個禮物。

## 三地門——原鄉教會的一頁興衰

二〇二〇年十一月二十八日上午，屏東三地門鄉三地門天主教堂有一場感恩彌撒，儀式帶著慶祝意味卻又略顯感傷。原來在這裡服務已過半世紀的道明會傳教女修會的修女們，在彌撒結束後，就將永久撤出三地門。感恩彌撒結束前，三地門鄉長特別率領教友們向修女們鞠躬致敬，感謝他們在此地超過一甲子的服務。

一九五三年，道明會的修女們被當時的道明會玫瑰會省、很受人敬重的包德良神父[1]，特別從高雄旗山延請到這裡來服務。一九六四年五月修女們在此創設了救人無數的「聖若瑟醫院」。病患遍及屏東、高雄及台南各鄉鎮。一九八五年修女們又在原址設立了「少女城」，專門收容失怙無依的女孩。三地門教堂及少女城所在，隔著隘寮溪谷與群山對望，自然景緻極為秀麗。許多命運乖舛的孩子們在這樣一個怡然的環境裡受到細心的呵護與培育，也算是悲慘命運中的一絲幸福靈光！

隨著經濟富裕，社會福利制度也日益改善的環境趨勢，若瑟醫院於一九七八年先

道明會傳教會的修女們在告別彌撒結束後，將全數撤出服務有六十年的三地門。圖中的修女正引導主教對整棟大樓做最後巡禮。據說全台各地有不少天主教機構正步入相同的命運。走過必留下痕跡，身為後人的我們，或許在還來得及前，應為他們的蹤跡留下紀錄。

1 包德良神父（P. Faustino Saez.1908-1987），在台五十三年，長眠於萬金聖山。

眾多神職人員與教友，聚集一堂的情景，未來可能再也不復見。人間一切都會消逝，然而愛與服務他人的事蹟不應被遺忘。

山豬牙、蝴蝶、十字架與百步蛇。這位長老皮製頭盔上的手繪裝飾，讓人見識到天主教信仰與排灣文化的結合。這一個只有在大禮中才會配戴的頭盔，默默顯示此信仰在這美麗山區烙下的痕跡。

道明會傳教女修會的修女在今天這一場彌撒結束後，就要撤出服務近半世紀的三地門。山地門的教友能來的都來了。坐在祖母懷中的小嬰兒，未來也只能從長輩的傳述中去想像這一段歷史了。

由西班牙道明會玫瑰會省傳教士傳至三地門的信仰，近七十年後已全然本土化。展開雙臂的耶穌已做原住民打扮，就連座椅也變成原住民模樣。外邦人的耶穌變成本地的耶穌，這一個內化過程非常耐人尋味。

停止營運，「少女城」的功能則逐年遞減。加上修女們日漸老邁，後繼無人，這棟有數層樓高、設備完善的大樓，終於在二〇二〇年十一月二十八日這一天畫下休止符。徒留一旁極富原民風的美麗教堂，供後人緬懷這一段事蹟！

然而圍繞著三地門教堂的這一頁盛衰興廢，並不是孤立的個案。實際上整個天主教在台灣確未能跟上時代的腳步，近年來隨著教友人數的急遽下降，再加上神職人員老邁及新血補充不及，全台、特別是偏鄉的許多教堂多已人去樓空，甚至成荒廢的狀態。

撫今追昔，回到道明會玫瑰會省神父們開始進入大武山區積極傳教的那個年代，既使有劉春美頭目的大力幫忙，神父們還是得靠雙腳穿梭在群山峻嶺、羊腸小道間，他們啃著乾麵包，喝著山泉水，有時還得身處毒蛇猛獸的威脅下在野外過夜。就在這開疆闢土期間，曾發生兩位分屬不同修會的外籍神父在深山巧遇的故事。

一九六一年道明會玫瑰會省會士包德良神父花了數天工夫，獨自在中央山脈裡穿梭，探看深山中的原住民。他從高雄縣三民鄉的民權村入山，第五天竟在海拔數千公尺的不知名所在，巧遇一位從奮起湖登山的德籍聖言會士。這兩位都已上了年紀的修道人為傳福音，竟然在異鄉杳無人煙的深山中不期而遇，一時間感極而泣地擁抱在一起。與包神父相遇的德籍神父原是聖言會的傅禮士神父[2]，當時他已六十好幾。已可頤養天年的他自大陸輾轉來台後，又一個人從嘉義上阿里山，在那建立了教堂，爾後更在嘉義輔仁中學的修會會院邊，成立了專門照顧下山就學學子的學生中心，以造福原鄉。

說來令人汗顏，在那原住民仍飽受歧視的年代，天主教的外籍傳教士們卻已將他們視為主內弟兄，打心底呵護他們，時時給予精神與物質的支持。在宜蘭服務，來自

身著原住民圖案披風的聖母，就佇立在教堂外。美麗的聖母伴隨三地門教友數十年寒暑，然而社會轉型劇烈，教會所創立的慈善機構也在成熟而多元的福利制度中退場。然而教堂前的聖母依舊在此俯聽她子民的祈禱。

2 傅禮士神父（Fr. Rudolph Frisch SVD.1899-1982）長眠於嘉義吳鳳南路聖言會聖若瑟模範勞工天主堂。

意大利的靈醫會、花蓮的巴黎外方傳教修會，源自美國、在台中的瑪利諾外方傳教修會及台東的瑞士白冷外方傳教修會，就是幾個著名的例子。

## 變遷的社會

五〇年代始自萬金天主堂，道明會玫瑰會省的神父在十來位傳道員的同心協力下，深入泰武、三地門、霧台、瑪家、來義、春日、六龜、桃源及三民諸鄉，並在部落中建立了數十座大小不一的教堂。這是此修會在當地興教的全盛時期。除了傳播福音，傳道人更將各種現代知識引進了原民部落裡。

時光荏苒，除了上述台灣社會轉型與教會後繼無人等因素外，天主教本身根深蒂固的「凱撒的歸凱撒，天主的歸天主」的觀念，令他們在台灣社會轉型過程中缺了席。而僵化的神學教義，伴隨左手做事從不讓右手知道的處事規範，更讓他們過往超乎常人大愛的服務精神與故事，逐漸沒入時代滾滾洪流中而為人淡忘。就連當年這些道明會玫瑰會省會士的事蹟，也只能從散落四處，老舊折皺的影像中，去一點點的拼湊了！

就在歷史快化成灰燼之際，仍有某些片段始終存留在人們腦海的深處，難以忘懷。有位逝去多年的神父就留下一段至今仍在延續的故事。這段曾被教會及許多教友視為禁忌的往事，除了引人唏噓，更發人深省。

1 山中教堂
這是六龜原住民山區的一座小教堂，這或許是當地第一座水泥建築？小教堂不僅是宗教、更是社交的中心。夜幕低垂，有燈火的山中小教堂會是多　漂亮與動人。（萬金大教堂提供）

2 傳教的艱難
半個多世紀前，深入山地部落傳教相當不易，除了雙腳，唯一能代步的就是腳踏車了。天主教沒有跟上時代的腳步，然而那一張張未化為粉塵的老照片，卻仍深刻、真情記下了那篳路藍縷的開教時光。（萬金大教堂提供）

3 天主教開教初期的佈道所
五〇年代起，在台灣如雨後春筍般、出現的天主教堂，往往是從一個簡陋的佈道所開始。還好有圖為證，讓我們看到這信仰及體現它的教堂如何成長茁壯，開枝散葉。（萬金大教堂提供）

4 美援發麵粉
五〇年代的人大多有去天主教堂領取救濟品的經驗。有很多人當年也因而信了天主教。隨著美援終止及普遍經濟改善，本來人數如火箭升空成長的教友瞬間下滑。在屏東潮州及東港傳教，來自德國的道明會，在這地區蓋教堂、醫院、學校，卻也因教友人數急速消退，而整個消失於南台灣。（萬金大教堂提供）

7

4

1

8

5

2

6

3

7 經濟困頓時期的萬金兒童

五、六〇年代的台灣，經濟仍相當的落後困頓，吃飽、吃好都不容易。這張攝自萬金地區的影像，讓我們看到台灣如何一路走來。（萬金大教堂提供）

8 三地門醫院

三地門的聖若瑟醫院曾造福原鄉，服務當地百姓多年。隨著社會變遷，這座曾名聞一方的醫院也在 1978 年停止營運。台灣的天主教普遍不注重歷史文物及圖像保存。一直到看到這張照片，後人才驚覺昔日交通不便的原鄉部落，竟有一座如此現代的醫院。（萬金大教堂提供）

5 等待領麵粉的百姓

照片上寫著 Mi-long，或許是今日的美濃地區。百姓在教堂前大排長龍領取麵粉等救濟品，今日看來有點心酸，卻清楚陳明經濟成長的不易與可貴。看了這照片，或許會有人以「麵粉教友」來嘲笑天主教的傳播，然而一個宗教本就是要為人群服務，一個宗教且不論主旨為何，但若能對貧困也坐視不管，不要也罷。（萬金大教堂提供）

6 美援發藥品

除了麵粉、奶粉、衣物，天主教會也發放藥品，施行義診。這張照片顯示一位醫生正在給一個女孩診斷。（萬金大教堂提供）

**排灣族成年禮與天主教信仰**

如何在外來、強勢的信仰中尋找及維持自己的文化？佳平部落在成年禮時，特別請神父來做祈禱與降幅。禮儀中，年輕人除了向上蒼祈禱，更希望與祖靈合一。自天主教傳入萬金後，竟花了近百年時光，才又將這信仰傳入了一箭之遙的佳平部落。而今，佳平部落許多傳統慶典及禮儀都有教會的參與。天主教信仰為曾遭嚴重破壞的原鄉文化，注入了活水。

佳平部落是泰武鄉的行政中心。小小部落裡，矗立著一座新穎的大教堂。顯示這座教堂在部落、甚至台灣天主教的重大意義。

耶穌聖心堂

## 蘇士郎神父

來自西班牙的蘇士郎神父(P. Castor Osomo.1919-1985)生於一九一九年。一九四二年，他二十三歲時被祝聖為神父，一九四七年(民國三十六年)來到台灣。一九五三年奉派到佳平接任包德良神父的工作。不到兩年就讓整個部落族人全部歸依了天主教。此外，他也在附近的來義、武潭、萬安、佳興、平和及馬仕等部落建立了教堂或傳道所。

蘇神父的熱心與積極使他有「佳平鐵人」之稱。他期望能在山地建立四十五座教堂。為此，除了泰武鄉，他又把觸角伸向更偏僻的山區。據說他曾將水管自大武山上接到佳平村裡，並在村內設置供水站，使村民不必再跋山涉水到上游取水。此外，他更在佳平舊教堂對面建了醫院，方便原鄉百姓就診。除了傳教，他更關心如何改善居民的日常生活品質。

一九六六年，他因長期廢寢忘食工作，健康出了狀況，乃奉長上之命回國休養。一本出版於一九九三年，以慶祝高雄教區山地開教四十五週年的特刊中以「調任後無法調查行蹤」，成為留在台灣與他相關的最後紀錄。

然而，真實情況是蘇神父回到西班牙後，即脫離自小受培育的修會。由於其弟在阿根廷工作，他因此轉去那裡，加入當地教區，成了一名教區神父。

老一代佳平人沒有人不喜歡面貌敦厚，有雙大眼的蘇神父。但一九五五年的一個事件，卻幾乎動搖他們當時仍不算成熟的信仰。原來深受佳平部落族人敬愛的蘇士郎神父，竟在這年令人難以想像地使一位照顧他生活起居的少女懷了孕。天主教修道人

與佳平村相距不遠的下丹林，有個小天主教堂。西班牙道明會玫瑰會省的蘇士郎神父當年來此開教，先建立小傳道所，但直到1976年教堂才建成，而彼時蘇神父早已遠赴他鄉。斯人已遠，當所有記憶都快消失殆盡，小教堂的一塊紀念碑卻意外地為後人留下一個見證。

下丹林(siljevavav)天主堂建堂紀
本分堂隸屬於丹林村轄下之部落，初期由道明會玫瑰省
會士西班牙籍蘇士朗神父（Castor Osorno）於民國43年10
月（1954年）在本鄉丹林村開教，聖名主保爲保祿堂，爲本
鄉天主教的信仰中心。首任本堂司鐸爲西班牙籍黎克義神父
，於民國47年3月（1958年）到任，掌管堂區教務及陸續興
建各分堂，本堂區由傳教員施進丁（ljegeai）輔佐教務，
而本分堂由李花心（qubi）擔任代理傳教員，當時因傳教用
地無著落，於是暫借其宅爲臨時傳道所，後來由 aliulan
李萬致（ljegeai）及李花心（qubi）夫婦捐獻位在來義鄉
古樓段1983號地，面積153平方公尺，即現在之聖堂用地。
本分堂聖名主保爲耶穌聖心堂—漢語爲下丹林天主堂，
於1976年即民國65年1月27日聖堂落成。經過歷任神父、傳
教員、現任傳教員楊清得（uliv）、各義務使徒及會長的努
力之下，本分堂目前約有130名教友，奠定了傳教基礎，然
因史實繁多，未能詳載，特立此建堂簡史爲念。
會　長：薛仁吉(api)　副會長：馮英根(kima)
會　計：施秀英(dremdreman)　出　納：葉春娘(apesi)
傳協會副主席：許櫻花(ii)　婦女會長：李花梨(kene)
天主教來義堂區主任司鐸：范濟國神父(odero)
撰文　天主教來義堂區傳教協進會　主席：張達敏(apelje)
中華民國八十五年十月十五日

至潔童貞邁古今
滿被榮福超神聖

來義下丹林天主堂外有座聖母亭，裡面供奉的是法蒂瑪聖母。就在這聖母亭後有塊小小的石碑，上面清楚記載這教堂的來歷，我們也才驚覺，原來蘇士郎神父不是個傳說，而是懷有傳教大業的異邦傳教士。

社會步伐很快，歷史還未及記上，卻又變成了回憶。最後就連回憶也蕩然無存。在大武山來義鄉、義林村的天主教堂裡，出人意外的，竟還掛著當年來此開教的蘇士郎神父照片。這張照片已變質泛黃，但照片理的蘇神父正值壯年，洋溢著年輕人該有的風采。修道人有誓願得遵守，神人之間，總有很多不好對外人說的掙扎與辯證。偏遠山中教堂裡的十字架與蘇神父的遺照，如此緘默卻又讓人無限唏噓。

蘇士郎

得發服從、神貧與貞節三願且立志終身信守。在一般信徒眼裡，他們就是神的代言人，更是道德的標竿。尤其當他們在祭台上舉行彌撒、仿效基督行最後晚餐禮時，直讓人以為他們是基督的化身。

六十多年前的民風不比現在，又值原民部落剛開教之時。若這起事件被公開，著實教人難堪與錯愕。半世紀後，曾有媒體以小說《刺鳥》的情節，來類比此事，更將之形容成一個淒美的愛情故事。由於當事者都已離世，我們無法細究當時的情況，但就事實而論，這根本就是一個悲劇。尤其是對將天主教引介給族人的劉春美女士來說：一位是她極為尊敬的神父，另一位是自己的族人，她當時承受壓力之大不言而喻。

通常就一位犯戒的神父而言，直接還俗，悄悄將人娶走，隱沒以終是為上策。然而蘇神父沒有還俗的打算。劉女士為顧全大局，最後以頭目立場，安排彼時的傳道員潘克己先生娶這少女為妻；然而在此之前，潘先生已有了很要好、幾乎論及婚嫁的女友。或是為保護教會、保護神父，潘先生犧牲了所愛，娶了這位有孕在身的小姐，而這依然年輕的女孩也是無限委屈，因為她根本沒有選擇。衡之今日，人們對當時劉春美女士的作法，或許會有諸多非議。但回到當時，設身處地，又何忍苛責！

## 部落的洋小孩

潘明福自小就長得比別人高，洋人臉型顯然也與同族小孩不同。天性樂觀活潑的他，雖感受到父母感情不睦卻不是太以為意，只是不明白為什麼父親對他總是不苟言笑，甚至懷有一絲怒意。為了受更好的教育，明福自小寄宿在佳佐小鎮一戶經營戲院

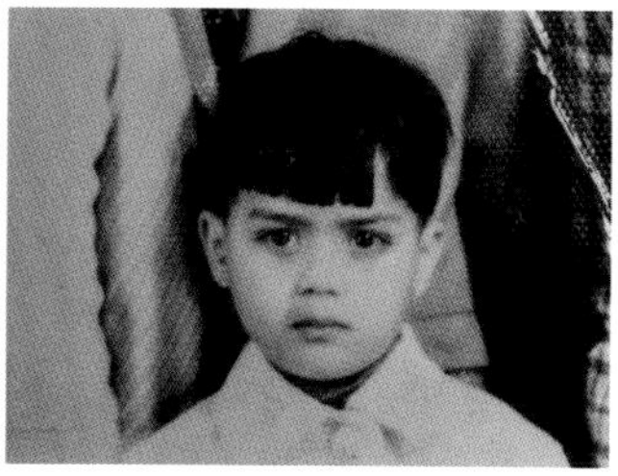

潘明福像他的神父父親一樣有一雙靈透的大眼睛，就連臉型也十分相像。（潘明福提供）

正值盛年，懷抱著雄心大志的蘇士郎神父與佳平部落劉春美頭目全家在照相館合影。佳平部落在劉春美頭目帶領下，全村百分之九十的人口全信奉了天主教。然而所有的人都料想不到，日後，劉女士為保護教會、神父及族人，竟扛負了難以承受的壓力。（萬金大教堂提供）

「佳平天主堂幼稚班遊屏東留念」。小明福是相片中第二排最右邊的那位小童。道明會玫瑰會省在山地做了不少事，「幼稚園」在民國49年，經濟不富裕的台灣便是個新鮮設施。照片裡的神父是道明會玫瑰會省的良雅師神父。良神父二十六歲那年自西班牙來到了南台灣，整整在台服務了六十六年，最後更長眠在萬金聖山墓園。拍攝這張照片時，蘇神父仍在佳平部落服務，看到這位同會弟兄的孩子，良神父一定有著複雜的感受。（萬金大教堂提供）

的老闆家，因此學會了一口流利的閩南語。由於寄宿家庭非常疼他，小明福雖只能在週末回家，倒也逍遙自在。山上的族人不曾對他另眼相待，更不會在他面前說三道四；只有山下小鎮的人，有時會在他背後嘲弄他是個「紅毛仔」。

由於父親是傳道員，明福回家總要陪父親上教堂和擔任神父的輔祭。然而他始終不解，身為傳道員的父親為什麼對他如此不善，甚至一點細故就會把他打得頭破血流，讓他無法去上學。有一回，他急了跟母親哭訴，百感交集的母親，只能淚眼相向卻不知如何安慰他。明福對本堂神父並沒有什麼特殊感覺，和其他的孩子一樣，他常到教堂玩，但神父特別喜歡捏他的小臉蛋，讓他很不自在。他甚至記得有次神父遛狗，狂吠的狗嚇得小朋友四處亂竄，由於他長得最高，一翻牆就逃過小狗的追逐，讓他更不喜歡親近神父。

身為傳道員之子，在義務教育初行年代，明福上了道明會玫瑰會省在高雄市辦的道明中學初中部，那是明福最快樂的時光。學校裡的西班牙神父三不五時會塞給他遠超乎他所需的零用錢，叫他去吃，去買自己喜歡的東西。然而，有些神父對他卻是另一種近似冷漠的態度，讓他好生不解？挾著優秀的成績，明福初中畢業，考上了屏東師專。進入懵懵懂懂的青少年期，明福對周遭的閒言閒語開始敏感起來，但他從不細問深究，怕知道了只會帶來更多煩惱。然而一團迷惑也始終在他心頭盤旋，揮不去也抹不掉。一日，明福患了重感冒被校方送入當地的天主教醫院，同村一位修女前來探望他，明福終於開口，問起了自己的身世。

「這世界真的有神，我一直感到祂在保護我！」潘明福校長在沿山公路上的玉環天主堂裡，對著剛擦拭完的聖母像這樣説道。聖母也喪失過自己的愛子，她一定能同情那些為愛而受傷的人。

## 神父爸爸

「你知道照片中最右邊那個人是誰嗎？」修女拿著一張老照片問。[3]

「是蘇神父啊！」

「他是你親生的父親！」整個房間頓時降到了冰點，所有前塵往事瞬間全湧上了明福的心頭。他回想小時候本堂神父每次想親近他，卻老以他不喜歡的方式令他生厭，他更記得神父偶而會給他其他小朋友得不到的糖果。而當這位神父離開後，繼任的神父有時會把教友彌撒奉獻的錢，連點都不點地逕自拿給當傳道員的父親，說給孩子買東西吧！他也憶起他的母親為什麼總低頭不語，從不與他們同桌吃飯，就是睡覺也多屈身在廚房一角……。

望著窗外，明福不解地問修女：「為什麼你們都瞞著我？蘇神父一直待到我十一歲。我還常做他的輔祭，若我知道他是我的生父，我起碼還有機會喊他一聲爸爸！」明福心情激動無法自已……。

「我爸愛我嗎？」明福試探地問。

「愛喔！」修女平靜的回答。

「你一歲多時疑似得到當時在台灣很流行的小兒麻痺症，蘇神父發了瘋似的以他的人脈與資源積極地為你找藥，直到確定沒事，他的一顆心才安靜下來……」明福後來知道自己的生父去到了阿根廷，在那任教區神父。在那個出國有如天方夜譚，仍有嚴格管制的年代，明福不敢奢望有天能與生父再相逢。

---

潘明福一直做到校長退休。他所服務的最後一個國小——古樓國小的孩子們不怕這位校長，他們有時甚至會進校長室，把別人送給校長的食物拿去吃。在潘明福校長眼裡，每一個孩子都是自己的寶貝。

---

3 本書卷一，從一張老照片說起，最右邊那位站著的神父。

人子、人夫、人父

課業繁忙，明福在校生活多采多姿，畢業前夕還交了女友，日後成為他的妻子。

走筆至此，必須提一下明福當年就讀的屏東師專，校長張效良先生（1906-1982）是位很了不起的教育工作者。大陸來台的張校長在走訪原鄉部落後，發現山上的師資水準普遍低落，乃向教育部建言，讓當時仍附屬於台南師專的屏師，成為專門培養原住民師資的搖籃。張校長要全台原住民把鄉內最好的孩子送來，他要親自教育他們，有天好回山上服務。

明福的妻子，來自宜蘭泰雅部落的莎韻說：當年屏師最好及最壞的學生都是原住民。張校長以愛的教育來教導他們，從不打罵，就是孩子們談戀愛，他都親自開導不讓教官出面干預。他更要學生們學著為自己負責，一些生活小事，他直接交代學生領袖處理，自己從不過問。現今台灣原民界檯面上許多有頭有臉的人物，大多培育自當年的屏東師專，令人不得不感佩這位教育工作者的熱誠與遠見。

明福畢業後與妻子全心投入教育，自己更一路做到小學校長退休。由於在閩南聚落長大，明福初任老師時，校長請他發言，竟發現他不會說母語，於是語重心長地叮嚀他，希望來年就能聽到他以母語致詞。從那時起，明福下定決心與村內耆老學習，使得他後來閩南語、國語、母語都能朗朗上口。隨著年紀漸長，明福的父母也年歲漸高，父親對他的敵意已消，尤其疼愛他的媳婦與兩個孫女。排灣族非常重視長男，雖然明福的父母後來又生了一個弟弟，但父親已視他為己出，甚至到生命末期癌症纏身時，都要明福而不是自己的親生兒子服侍，明福更無怨無悔地照顧父親到最後一刻。

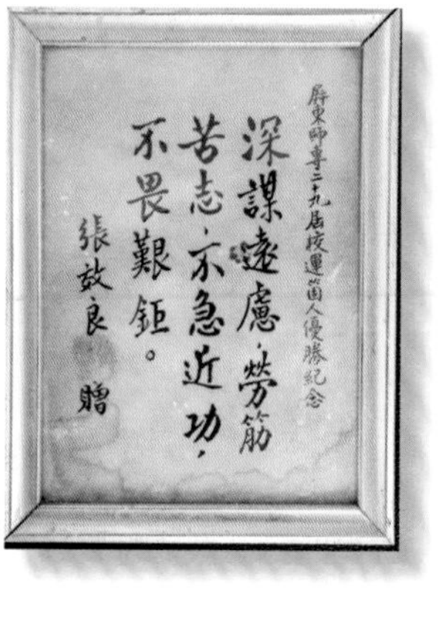


**張效良校長手跡**

社會能繼續成長，是因為有遠見與愛心的教育工作者。在屏師的老學生眼裡，張效良校長是位受人景仰、富有愛心的偉大教育工作者。明福至今仍保留著老校長當年親筆書寫的勉勵話語。

## 期待重逢

身為人夫、人父的明福，在照顧雙親、工作之餘，午夜夢迴，偶爾仍會想起遠在天邊的生父，不知他是否快樂，過得可好？他曾不止一次背著雙親，向蘇神父曾屬的修會探聽他的消息，卻從未得到任何答覆。七〇年代末，他又跟一位自小看他長大的西班牙籍老修女打聽生父訊息。畢竟是女性，老修女不客氣的向蘇神父所屬的男修會進言，憑什麼不幫明福連絡？老修女更直言人都會犯錯，但還有什麼比坦然面對更重要？道明會玫瑰會省的神父終於答應為明福聯繫，其中一位神父更趁前往阿根廷之便，去探望了明福的父親。

有天明福終於接到了蘇神父寄自阿根廷的信，信件全以西班牙文書寫。自此，明福更加想念印象模糊的生父，夢想著有天與他相逢，與他分享這些年來的心路歷程。通信一段時間後，明福很想與生父見面，代為連絡的神父也轉達了這意願。

潘明福至今，每晚仍在自家櫃子上，點上一隻紀念生父的蠟燭。始終未有機會喊蘇神父「爸爸」是他此生最大遺憾。他曾不止一次突發奇想，有天能到生父的墓園，朝夕陪伴在他地身邊。

但在阿根廷的蘇神父卻猶豫不決，充滿矛盾，他當年並未妥善處理明福母子，甚至遠走天邊試圖忘掉這一切；或許，他永遠也無法饒恕自己當年違背與上主的誓願。

在多次書信溝通後，蘇神父終於有了定見。或許是近鄉情怯，蘇神父想在第三地，例如香港或澳門的道明會院所在，與明福夫婦見面。然而代明福連絡的神長則說服蘇神父台灣已不似從前，山上的教友也很想念他，時間都過這麼久了，他何不回到台灣與兒子相見，也順道來山上走走。有了這念頭，蘇神父開始盼望，甚至辛苦儲蓄好購買到台灣的機票，也決心減重已九十公斤的身體；他甚至在信中言明自己如何思念佳平的山光水色。或許是靦腆或根本不知如何對應，蘇神父每封信最後總以「祈主降福你們的蘇神父」署名。一九八五年十月二十日，明福再度收到父親寫於同年十月七日的信，他興高采烈地託人翻譯，然而他萬萬未料到，在他一如往常興奮地展讀此信時，自己的生父已於寄信後一週因心臟病突發而撒手人寰。

得知噩耗的明福，忍不住經常夜半在房間內失聲痛哭。幾度，他的哭聲甚至驚醒睡在樓下的母親，而當時她並不知曉背著她連絡自己生父的兒子，到底發生了什麼事？

## 悼念與傷懷

得知蘇神父在阿根廷過世後，佳平部落族人也在聖堂內舉辦了追思彌撒。人們仍記得當年正值壯年的神父如何自天邊來到山地，如何為他們講述信仰與為改善他們的生活而奮鬥。仍在教堂擔任傳道員的明福父親也參與了追思且表達了深切的哀悼。明福的母親則從頭到尾未發一言，她的心事已牢牢塵封心底，再也不願被提起。

從佳平部落往北大武山、登山口的路上，有處掩沒在荒煙蔓草裡的「德文」部落。舊部落因遷徙而荒廢已久。然而每年的十一月、天主教煉靈月時，部落的後生都會自山下來到舊部落墳地追思故人，為他們點上一支思念的蠟燭。

一根小蠟燭，一朵鮮花，都不能表達生者對逝者的思念。有人說，人因為看不透生死，而有了能安慰自我的宗教。然而若沒有信仰，面對死亡的空白的與失落，人又該如何自處？我曾問過一位逢遭母喪的神父：身為一位與人宣講死後仍有生命的神職人員，他相信未來會與逝去的親人相聚嗎？他的回答竟是：「會或不會！」但他選擇前者，因為這會讓他比較好過，認真而勇敢地將此生過完。

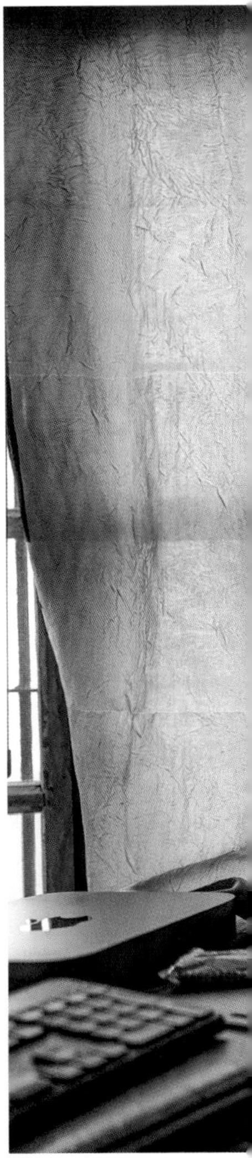

二〇一〇年二月十二日，當時在巴西工作的歐晉仁先生，在明福委託下南下阿根廷為他尋根。據歐先生記載，當他來到蘇神父長眠的墓園時，怎麼也找不著蘇神父的墳。太陽西下，歐先生默默祈求天主與蘇神父幫忙，就在他祈禱完後轉身，竟發現蘇神父的墳就在眼下，他輕聲地對長眠異鄉的蘇神父說，自己代表他兒子明福來看他了。

爾後，歐先生又來到蘇神父曾服務過小鎮上的餐館，探聽有關蘇神父的種種。餐廳老闆路易士先生說蘇神父在當地相當受人敬愛，熟習天文地理，又去過福爾摩沙島；最讓他們著迷的是，蘇神父還會說中國話及畫幾個方塊字。老闆還記得蘇神父動作誇張，說話聲音洪亮，此外他還燒得一手義大利好菜。然而就他記憶所及，蘇神父的快樂中總好像有一絲憂鬱，彷彿總有什麼心事在心頭。

雖然未能親眼見到祖父，明福的大女兒，也就是神父的孫女，有回趁著與鄉人去西班牙的機會，在修女的陪伴下特地去拜訪蘇神父的大妹。據說同為修道人的老修女在一眼看到這侄孫女時，一時激動得老淚縱橫，久久不能自已！

潘明福大哥為我平靜地訴說這段刻苦銘心的往事，他為他生父從未親切、熱情地以父親對兒子般的口吻給他寫信很感傷懷。

「有些人一輩子都沒有這樣的能力！」我平淡的對潘大哥說，「但您仍可以表達對他的愛，在祈禱裡深切地懷念與感謝他賜給你一個深刻卻美好的生命。願他得到安息，有天在主內重逢。」

---

我在萬金村駐留了一段時光。在過去與未來之間，不論我通曉了多少知識，累積了多少識見，甚或能提出一個有意義具啟發性的觀點分享，我終只是個小小的過客。小几台上的十字架，在流動的光影間，洋溢著詩般的神采。在一個千變萬化，但仍算承平的時代裡，一個人若能心神領會的蹦出個感謝或讚嘆，都是個福氣、恩典甚至奇蹟。

「壓傷的蘆葦，祂不折斷；將殘的燈火，祂不吹滅。」《瑪竇福音》十二章十二節。

為世俗之愛所苦、甚至跌倒的人，看似信仰下的失敗者，然而，他們或許比所謂成功之士更能體會信仰的奧義。基督的母親，聖母瑪利亞曾痛失愛子，基督也曾被釘十字架血枯而亡，但祂仍祈求天父寬恕那些無明之人，更顯出祂對人的包容與同情。

一個仍不成熟的山地教會，在那個民風保守的年代，為保護一位神父，全村人共守住一個祕密絕口不提。明福的父母親，甚至劉春美女士都呵護了明福，讓他得到更好的未來。劉春美女士的墳就在佳平部落的墓園裡。十一月天主教煉靈月時，佳平村的教友在三十號晚上都會來到墓地，在親人的墳上點上一根思念的蠟燭，整個山頭燭光點點。主禮神父使用的祭台就在劉女士的墳亭內，她的骨灰安厝在亭子下的一方石桌內。神父彌撒獻祭用的麥麵餅就置於其上。劉女士連身後都要變成一處遮風避雨的涼亭，繼續庇蔭族人。

修道人如常人一般，也有自身的限制與宿命。當年有的玫瑰會省會士曾將蘇神父的事以醜聞視之，但有更多神父卻將明福以整個道明會的兒子待之。除了在日常生活上照顧他，就連當年娶親的聘金也全由神父們所張羅。明福仍清楚記得神父對他的父親說：「人家要多少，都給！」除了對他的生父蘇神父有份特殊情感，明福更對許多逝去的老西班牙會士懷有濃厚的孺慕之情。

或為怕得罪上帝，人創造了嚴以克己的戒律與體制，藉由愛上帝來愛人，然而「近人情」或許才更能體現上帝的大愛與胸襟。上帝若與人一般見識，人類應早已滅絕！

煉靈月要結束了，這個月的最後一夜，佳平的教友會來到聖山墓園點上一隻蠟燭，更會參與由神父主持的追思彌撒。過了今夜，生者將逝者牢牢放進心底，繼續面對人生。

佳平教友在十一月底這夜，都會來到墓園聖山點蠟燭，並為先人做追思彌撒。人生最難受的的莫過於生死永隔。一個對生命有無限憧憬的人，若能明白人生都有大限之日，也許就會有個不一樣的人生。

黃澄澄的月亮高掛在穹蒼上，萬金大教堂在夜間舉行的平日彌撒又要開始了。一個已有千百年歷史，來自遙遠西方的宗教，因緣際會的來到東方，最後在萬金生根，發芽成長且向外延伸。如詩般的靜謐月夜，讓我不禁想將手舉向穹蒼，從心底獻出最深的感謝與讚美。

# 真愛不朽

萬金天主堂轉眼已成立一百五十年了，台灣與世界全變了樣，來萬金傳道的道明會玫瑰會省也起了很大的變化。後者一如全球其他的修會團體，除了後繼無人，就連所依附的羅馬天主教會體制本身，也正面臨著空前的挑戰。

在萬金時，我常到萬金村離沿山公路不遠的萬金聖山墓園散步。我愛對當地朋友戲說我找「小倩」[4]聊天去了。我從沒遇到小倩，卻看到數百個刻著親人名字的墓塚。龐大墓園的中間區塊，是道明會玫瑰會省會士的骨灰塔。有的會士在前清時就來到台灣，萬金天主堂的故事就從他們開始。除了男會士，這兒也有玫瑰傳道女修會及德國道明會士的墓塚。像玫瑰會省會士一樣，他們大多於青年時即睽違故里，終身在台為一個龐大而未可言傳的追尋，獻出了自己的一生。

「我若能說人間的語言，和能說天使的語言；但我若沒有愛，我就成了發聲的鑼，或發響的鈸，我若有先知之恩，又明白一切奧祕和各種知識；我若有全備的信心，甚至能移山；但我若沒有愛，我什麼也不算。我若把我的財產全部施捨了，我若捨身投火被焚；但我若沒有愛，為我毫無益處。」──《格林多前書》第十三章第一至八節

「現今存在的，有信、望、愛這三樣，但其中最大的是愛。」──《格林多前書》第十三章第十三節

座落於萬金聖山墓園裡的、西班牙道明會玫瑰會省會士骨灰塔，是這樣的謙卑與緘默。長眠於此的傳教士，有的於前清時就來到了萬金。他們不僅經過了數個不同世代，更經歷了東西文化衝突，種族間的傾軋。在他們眼中，短暫人世是為追求永恆的歷程。為此他們獻出了僅有的生命，用一生來為這外人不好懂的追求做出了見證。

4 改編自《聊齋誌異》，電影《倩女幽魂》中的聶小倩。

有人說去愛一個人就會看到上帝的臉。愛比恨難！恨，只要將對方擊倒再也無法爬起；但愛卻是付出、包容與忍耐，不自誇，不張狂，不求己益；愛雖柔軟卻能讓瞎子看見，癱子走路，讓絕望的人找到活下去的希望。

每逢十五，一輪明月自萬金聖山後的大武山升起，像盞燈似的照得大地一片透亮，人世所有喧囂在大武山前這片龐大墓園裡化為無邊靜謐。一個人生前無論身處何種境地，如何叱吒風雲，終不過是宇宙的短暫過客。一個多世紀前，大武山的原住民、閩、客移民甚至西班牙傳教士，無論背景如何不同，都在為求生存、為不同的願景而奮鬥。萬金、佳平大教堂這冊史頁裡混雜著族群、文化、信仰的各種矛盾與衝突。從更廣闊的宇宙時空版圖來看，或許微不足道，卻是整個人類、特別是台灣社會，一個鮮明、不斷求同存異的磨合過程縮影，一則意義深遠的寓言。

皓月當空，山無言，星空無言，樹林大地也沈默無語，藉《雙城記》卷頭語回映大武山下、這一頁包括有萬金及佳平大教堂的跌宕起伏歷史，不由得感喟什麼是最好或最壞的時代？在充滿逆境與變數的人生裡，我們又如何為所處的世代定義？在無明與慧心糾葛，愛慾交織的此生結束後，最終能帶走或傳承的又是什麼？看著萬金墓園裡千百個墓碑上盡是生者對逝者的思念，凜然體會只要對愛仍懷有芥菜種籽般的信心且付諸實行，我們就定能企及一個死生無斷、被人以天堂形容的圓滿境界。

大武山腳下的萬金聖母聖殿在澄淨月光中是這樣的靜謐與聖潔，我不禁伸手舉向蒼穹……。

月下，起舞弄清影，一種跨越時空、何似在人間的美好錯覺油然而生。此身既無法乘風而去，且放下一切，睡個好覺，毛舉細事，醒來再說吧！

一個人生前無論如何叱詫風雲，終不過是宇宙的過客。大武山下的萬金墓園聖山，在月夜下是如此安靜與恬適。不禁站在逝者的位置幻想：墓外為生活汲汲營營，惶惶不可終日的生者，請千萬別叫醒我！我已像嬰兒般的沈睡在母親的懷抱裡。在那兒我將被上帝的愛包圍。經驗生命是個禮物，在跌宕起伏的前世裡，我己以僅有的生命攀登到那一個永不再離散的福地。

# 尾聲　一種無法言喻的溫柔與慈愛

## 耶穌宣講福音、招收門徒

耶穌沿加里肋亞海行走時，看見了兩個兄弟：稱為伯多祿的西滿，和他的兄弟安德肋，在海裡撒網，他們原是漁夫。

祂就對他們說：「來，跟從我！我要使你們成為漁人的漁夫。」

他們立刻捨下網，跟隨了祂。

祂從那裡再往前行，看見了另外兩個兄弟：載伯德的兒子雅各伯和他的弟弟若望，在船上同自己的父親載伯德修理他們的網，就召叫了他們。

他們也立刻捨下了漁船和自己的父親，跟隨了祂。

耶穌走遍了全加里肋亞，在他們的會堂內施教，宣講天國的福音，治好民間各種疾病，各種災殃。《瑪竇福音》第四章第十二－二十三節

## 仁愛勝於祭獻

耶穌從那裡前行，看見一個人在稅關那裡坐著，名叫瑪竇，對他說：「跟隨我！」他就起來跟隨了耶穌。

當耶穌在屋裡坐席時，有許多稅吏和罪人也來同耶穌和祂的門徒一起坐席。

法利塞人看見，就對祂的門徒說：「你

們的老師為什麼同稅吏和罪人一起進食呢？」

耶穌聽見了，就說：「不是健康的人需要醫生，而是有病的人。

你們去研究一下：『我喜歡仁愛勝過祭獻』是什麼意思；我不是來召義人，而是來召罪人。」《瑪竇福音》第九章第九－十三節

每回讀經，我總幻想，究竟是一個什麼樣的眼神或口吻，會讓一個正在工作，甚至有家室的人，就這麼放下一切地跟那個人走了，甚為發揚那人的理念，連性命都可以捨棄。我也好奇：是一個什麼樣的邂逅？能讓一個族裔、文化、信仰、語言與自己全然不同的人，願意去聽取一個聲稱是「好消息！」[1]的外來教義？甚至帶領族人歸依了這個宗教。

為鞏固政權，昔日當政者曾以刀、槍，高壓屈服了一個民族，戕害他們的自尊，卻從無法征服他們的心。

「來！跟隨我！」耶穌的召喚，應該是一種無法言喻的溫柔與慈愛，它能瞬間修復一個受傷的心靈與碎裂的自尊，讓人體會到自身的價值。

「上主！求祢賜我再造一顆純潔的心！」[2]我不禁以自己的體會頌讀另一篇聖詠：

「上主，求祢對我噓氣，讓我的心靈，讚頌祢多采多姿的工程，享受祢受造的果實。求祢馴服頑強的我，溫暖冷酷的心，讓我以全新的眼光，來看待周邊的人與事，和這片被人視作理所當然的土地。」[3]

佳平天主堂，鐘樓頂端的聖母，展開雙臂，俯視人間。與萬金天主堂鐘樓底下那尊雙手交握，仰望穹蒼的聖母相呼應。願大武山的這兩座大教堂，讓勞苦者得到憩息，成為酷熱裡的清風，悲痛時的慰藉。讓創傷得以醫治，憔悴得以滋潤。成為幸福的真光，照耀這片山林大地。

---

1《聖經》別名，即福音。

2《聖詠》第51篇12節。

3　參閱《感恩祭典》聖神降臨節答唱詠及繼抒詠原文。

# 後記　人與人之間的愛

我曾被問到，為什麼寫潘明福校長的故事？

多年前，我在美東讀到一篇發生於上世紀中，有關一位外籍神父與台灣原住民女孩生下一個孩子的報導。我為這位神父的兒子，有著與他生父如同一個模子刻出來的臉孔，感到印象深刻。

在萬金拍寫《雙堂記》時，我與教堂祕書世華弟聊到這則報導。他告訴我這篇故事的主人翁住在泰武鄉佳平村，而不是我一直誤以為的三地門鄉。我訝異地請世華為我連絡潘明福校長，卻感到他有難處。據說當年那篇報導一刊出，除了震驚了教會，聞風而來的媒體及ＳＮＧ車，更把潘校長嚇得近半個月不敢出門。但世華仍硬著頭皮為我聯絡了潘校長。

幾次與潘校長接觸，我仍可感到他對那次的報導心有餘悸。我很感謝潘大哥與莎韻大嫂對我的信任。潘大哥甚至對我說，若我想更了解當年的情況，他的叔叔還在，或可提供我一些線索。我直言，當事者都離世了，輪不到我在這捕風捉影。我更在乎的是潘大哥與他的感受。

雖然如此，我仍沒有打算書寫潘大哥的故事，甚至思考，這故事與《雙堂記》中的萬金與佳平大教堂有何關聯？此外，我也得尊重教會及一般信友的感受。就當我逐漸理出個頭緒脈絡時，潘大哥請我與他昔日屏師的同學用餐（從他們的交談中，我才得知屏師張效良校長的風範）當我們從沿山公路經過玉環村時，潘大哥說這兒有座修復的教堂，問我是否有興趣瞧瞧？直到下車，我才知道，這在路橋下，常被誤認為是公廁的灰色建築，竟是座頗有創意的教堂[1]。

我們從玉環村碩果僅存的幾戶人家那借到鑰匙，開門進入。雖然教堂已完全修復，但由於沒有宗教活動，裡面積滿了灰塵，甚至有小鳥在裡面亂飛。看到了滿是灰塵的聖母像，潘大哥隨手拿出了手帕，細心地為聖母擦拭。握著聖母的手，他突然嚴肅地看著我說：「這世上有神，我一直感受到祂的保護與照管！」我對潘大哥說，就衝著您這句話，這故事就值得寫。

「旱地裡流出江河，荊棘中開出玫瑰。」是一種絕境逢生的宗教比喻。聽來很美，但對正在受苦的人，並不受用。我為蘇士郎神父，和當年其他人的處境，深感同情，尤其是將自己獻給上帝的蘇神父，那天人交戰的矛盾，實難想像。自小，我就是奉體制教條為圭臬的教徒。但當曾嚴重損傷我心靈的性向議題，得到如天啓般的治癒時（請參考拙作《海岸山脈的瑞士人》卷二——一次神聖的經驗。）我對教會的某些傳統執念已不以為意。在我眼裡，群體構成的體制固然重要，但真誠的面對自我，卻更不容忽視。那是肉體及靈性生命，得以成長的基礎。尤其是，自前述的神聖體驗後，我對上帝有了無以名狀的信任。甚至體會耶穌所言，人只要有如芥菜種籽大的信心，就可移山的比喻。這句話，對我而言，不是如做法般低地翻江倒海，而是若對「愛」能有個最基本信賴，我們將一無所懼。

先不講我的父母，我只要設想《海岸山脈的瑞士人》最後一篇的雷保德神父。就算我墮入地獄，但像他這樣一個愛我的人，怎捨得我在那陰冷的地方受罪，而不盡其所能的來救我？至於我的雙親，他們犧牲了大半輩子，只為我們過得好！若本質是「愛」的上帝，大不過這些小人物的人性情感，豈不荒謬？

在萬金村寫出潘大哥的故事，準備離開前夕，我徵詢他們對這文章的感受。忐忑

---

1 玉環天主堂是由德國道明會士，於 1965 年為定居於玉環村的大陳義胞建立。隨著村民凋零及外移。玉環天主堂閒置廢棄。2017 年經由屏東縣政府修復，重新對外開放。

不安地來到他家，專心的對著筆電螢幕，頭都不敢抬的將文章讀完。整間屋子像結霜了一樣……。

「我想，我終於有了一個可傳給下一代，關於我，和一位未曾謀面爺爺的故事！」

我如釋重擔的與潘大哥夫婦三人相擁祈禱：我祈求天父，將所有受傷的靈魂，特別是將蘇神父、潘大哥的父母親擁在懷中。更祈求他們在天上繼續看顧我們，讓我們成長茁壯，盡情發揮，做一個當得起賜給我們生命的人。

歷史好似布幕，簾前、簾後兩個光景

# 致謝

這本書得以完成，得感謝很多人。首先是萬金天主堂的李漢民神父，二〇二〇年，當新冠病毒剛開始傳播時，我試探地問他，若到時無法前往他地，可否來萬金寫本書？李神父深表歡迎，更言明可提供我住宿。

我更要感謝我的乾弟，做塑膠回收，別名阿寶的張森堡先生。為了讓我在萬金有交通工具，阿寶特意開車，帶我認路，好讓我到時能自行騎摩托車前來。我們從台南出發，經過關廟、竹崎、內門、旗山、美濃，開上185號的沿山公路，經過高樹、三地門、涼山瀑布一路來到萬金營區時，GPS卻先顯現了佳平天主教堂。我這才知道，萬金與佳平這兩座教堂如此相近。在參觀完佳平天主堂後，立時蹦出了《雙堂記》靈感。我在萬金待了一個春天。由於飛機停飛，無法如期返美，阿寶弟又為我在台南安排住處，更費心照料我的生活。同年秋天，當我二度進駐萬金時，阿寶更常在週末，從台南來給我送補給品。沒有阿寶弟，是不會有這本書的。

至於萬金村，我欠的人情就更多了。

感謝在萬金超市工作的陳思穎，無論我缺什麼，這老妹都會幫我張羅，尤其是疫情未明，整個萬金村除了小七，找不到東西吃時，思穎特別去找神父，讓我與他們蹭飯了好一段時間。在此順道感謝潘清雨神父、陳文安神父，謝謝他們容許我破壞了他們用餐時的寧靜。

我也要感謝在萬金村經營「紅土庄3號」民宿的陳玉馨。二〇二〇年十月，我二度進駐萬金，就是在她的民宿裡將本書的第一稿寫出。玉馨除了以極低廉的租金給我優惠，更不時為我打理三餐。

任萬金天主堂傳協會主席的潘順興先生及合唱團的張善政先生也幫了我不少忙。本書最後一章的萬金墓園影像，就是順興陪我去拍的。那夜月色皎潔，我騎車到順興家，請他陪我去墳地拍照。他正趕著去教堂，硬被我抓走。他開玩笑地問我是怕鬼嗎？我慎重地對他說，當我專心對焦拍照時，突然有個聲音，問我能否教他（她）攝影？這可怎麼辦？善政更是漏夜為我掃描在萬金天主堂發現的老照片，在此一併致謝。

我另外要感謝在萬金大教堂服務的方秋靜修女及潘世華先生，尤其是世華，更多時候像是個忠心又體貼的小老弟。走筆至此，有件趣事分享：有天我在中研院服務的大哥來萬金看我，我特別將大哥介紹給世華，他靦腆地問說是親的嗎？我詫異的看著世華？他不好意思地說小五哥的朋友，都被他以兄弟姊妹稱呼。我很榮幸世華已將我視作他的小兄長。

至於佳平村，我除了要感謝潘明福大哥夫婦，更要感謝杜勇雄神父。杜神父除了為我費心導覽他所修建的教堂，更帶我去參訪沿山公路的教堂，也為我以他的立場與認知，解釋那一頁蕩氣迴腸的開教歷史。

台南的朋友更要好好記上一筆。南十三咖啡屋的沈介文，幾度把我從台南載到萬金工作，最後還將我的家當從萬金載回台南。在安南醫院服務的蔡明世夫婦，也對我照顧有加，每週二在他家的酒友會，都是一個幸福滿滿、無話不聊的家庭聚會，讓我滯台期間，只能用樂不思蜀形容。昔日台南著名的「老友餐廳」負責人黃瑞金大姊，在我在台南最後一段期間，照顧我的生活起居。黃姊三日一小酌，五日一大宴的烹調方式，直被我與阿寶戲言是「自殺」吃法。

去國多年，我因禍得福地在台灣過了一個完整的四季，卻也參與了四位神父、修士的追思彌撒。我的摯友，在彰化靜山服務多年的馬志鴻神父已於二〇二〇年十二月三號過世。馬神父離世的那個凌晨，正是我將初稿完成之時。由於熬夜，那日我極晚起床。醒來看手機簡訊，竟全是馬神父逝世的訊息。馬神父整整陪了我三十三年，這回，都要等我初稿完成，他才離開。在台南聖心堂服務的王秉均神父也一併致謝，義籍的王神父與馬神父是至交。當我抽抽嗒嗒地在電話那頭跟他說，「馬神父走了！」他卻以慈祥的口吻，不住對我說：「My Dear！I am here！」

我要感謝台南天主教聞道出版社的費格德神父，是他告訴我佳平天主堂，更為我連絡了杜勇雄神父，也為我介紹了佳平天主堂新任本堂溫宏昭神父。費神父還提供我書籍資料，聆聽我的分享，幫我連絡了道明會玫瑰會省的徐天德神父，讓我使用他們珍貴的歷史圖片。在這裡特別向在聞道服務的工作人員一併鞠躬，裡面的小姐每回都會以香醇的咖啡款待我。尤其是經理秦家榮先生，更不時地為我處理購書、找資料這些不在他份內的瑣事。

在中原大學圖書館服務的郭玲玲小姐也得記上一筆，郭小姐以她的專業為我收集彙整了所有關於大萬金地區的學術論文，讓我對這地區有更立體的了解。我也要特別感謝王品小姐，在出版這麼難做的今天，為我引介了出版社，使這本書得以問世，十足感心。還有在嘉義的李中蓮大姊及她領導的讀書會，岡山實業的柯文玲，內埔新城國際實業的陳建廷先生，當我在萬金時給了我不少支持。STC的吳孟聰先生也在此一併致謝，當我滯留台灣沒有電腦設備可用時，孟聰為我張羅了一切。天主教週報的姜捷姊為我細心的校稿，無限感恩。

最後要感謝的人是我的好友嚴建勛及黃麗玲夫婦。綽號鹽巴的建勛，是位不可多得地朋友，像昔日一樣，他們對我的創作一直給予高度支持，甚至全然無私的照顧我在北部生活的起居，這樣的朋友真是上天所賜。

在本書完成後，我越來越清楚為什麼寫潘明福校長的故事，也更明白基督所說，沒有一條誡命能大過愛的道理。那些介於人神之間的掙扎，拓展了愛的深度與領域。在重生和救贖交織的崎嶇人生路上，除了帶給人自由，更讓人知覺生命是個禮物。蘇士郎神父跌宕起伏的一生，和潘明福的故事，有如一個神人之愛交織成的十字架。它或許能讓我們在任何習以為常、奉俗諦為真理的社會甚至僵化體制中，找出一條新路。

教堂，尤其是萬金與佳平兩座大教堂，雖是上帝的殿宇，卻是人與人之間的愛給了她生命及意義。我希望潘校長的故事讓我們有往更深處划的勇氣。

萬金聖母

TAIWAN STYLE 73

# 雙堂記

## 大武山下的聖堂傳奇

**A Tale Of Two Churches**

Faith and Love by Dawu Mountain

---

作　　者／范毅舜 Nicholas Fan

總 編 輯／黃靜宜
編務統籌／張詩薇
美術設計／葉佳潾
行銷企劃／叢昌瑜

發行人／王榮文
出版發行／遠流出版事業股份有限公司
地址：104005 台北市中山北路一段 11 號 13 樓
電話：（02）2571-0297
傳真：（02）2571-0197
郵政劃撥：0189456-1
著作權顧問／蕭雄淋律師
輸出印刷／中原造像股份有限公司

2021 年 12 月 1 日 初版一刷
定價 500 元

ISBN 978-957-32-9367-5

*YLib* 遠流博識網 http://www.ylib.com E-mail:ylib@ylib.com
遠流粉絲團 https://www.facebook.com/ylibfans

本書獲 國|藝|會 財團法人國家文化藝術基金會 創作補助

國家圖書館出版品預行編目 (CIP) 資料

雙堂記 ： 大武山下的聖堂傳奇 = A tale of two churches : faith and love by Dawu Mountain/
范毅舜 (NICHOLAS FAN) 著. -- 初版. -- 臺北市 ： 遠流出版事業股份有限公司, 2021.12
240 面 ； 23×17 公分. -- (TAIWAN STYLE ; 73)　ISBN 978-957-32-9367-5( 平裝 )
1. 天主教 2. 歷史 3. 臺灣　　248.3308　110018659